DU

DROIT DE SUITE EN MATIÈRE DE MEUBLES

EN DROIT ROMAIN

ET

DU DROIT DE SUITE

SUR LES TITRES AU PORTEUR

(ART. 2279 ET 2280 DU CODE CIVIL)
(Loi du 15 juin 1872)

EN DROIT FRANÇAIS

THÈSE POUR LE DOCTORAT

PAR

Alfred DESRUES

AVOCAT A LA COUR D'APPEL DE PARIS

L'acte public sur les matières ci-après sera soutenu
le mercredi 22 avril 1874, à 11 heures et demie

PRÉSIDENT : M. LABBÉ.

SUFFRAGANTS :
MM. VUATRIN,
DEMANTE,
BEUDANT,   PROFESSEURS
RENAULT,   AGRÉGÉ

PARIS

F. PICHON, LIBRAIRE-ÉDITEUR
14, RUE CUJAS, 14

1874

DU

DROIT DE SUITE
SUR LES TITRES AU PORTEUR
(dans l'état actuel du droit civil)

EN DROIT FRANÇAIS

THÈSE POUR LE DOCTORAT

par

Alfred BERTHIER

Avocat à la cour d'appel de Paris

[illegible]

Président : M. LABBÉ,

VIVIEN,
DESLANDRES,
RODIÈRE,
RENAULT.

PARIS

A. GIARD, LIBRAIRE-ÉDITEUR

16, rue Soufflot, 16

[illegible]

A LA MÉMOIRE DE MON PÈRE

DE MA MÈRE

ET DE MA GRAND'MÈRE

DROIT ROMAIN

DU DROIT DE SUITE EN MATIÈRES DE MEUBLES

PRÉLIMINAIRES

1. Dans notre droit moderne, tous les biens sont meubles ou immeubles (Code civil, art. 516). Nous ne retrouvons pas cette division en droit romain dans le titre des Institutes de Justinien *de divisione rerum*. Nous ne la voyons pas davantage dans les Institutes de Gaius. La première division indiquée par ce jurisconsulte se ressent de cette influence de la religion qu'on trouve au berceau de toutes les civilisations. « Summa rerum divisio in duos articulos deducitur: nam aliæ sunt divini juris aliæ humani » (1). Il divise ensuite les choses en choses corporelles et choses non corporelles. Enfin, il distingue *res mancipi nec mancipi*. On n'est pas bien fixé sur l'idée qui a présidé à cette distinction. Cependant les exemples donnés par Gaius lui-même,

(1) Instit., II, § 2.

permettent de se faire une opinion à cet égard. Les *res mancipi* étaient les immeubles situés en Italie, les servitudes rurales, les esclaves et les animaux *quæ collo dorsove domantur.* « Nec mancipi sunt velut ursi, boves, item et animalia quæ ferarum bestiarum numero sunt, velut elephantes et cameli » (1). Plus loin (2), Gaius nous indique comme *res nec mancipi* vestem, vel aurum, vel argentum. Et il ajoute : « in eadem causa sunt provincialia prædia, quorum alia stipendiaria, alia tributaria vocamus » (3). On voit par ces exemples que les *res mancipi* furent les choses que les Romains eurent d'abord à leur disposition et qui leur furent le plus utiles. Ces choses une fois désignées, on n'en augmenta pas le nombre et toutes les choses qui furent découvertes ou conquises dans la suite furent rangées dans la classe des *res nec mancipi.*

D'après une certaine opinion, qui s'appuie sur un passage de Cicéron (4) les *res mancipi* seraient les choses susceptibles de propriété civile ou quiritaire et les *res nec mancipi* celles qui n'en sont pas susceptibles. Cela est vrai pour les immeubles situés en Italie qui sont à la fois *res mancipi* et objets de propriété civile, mais ne peut s'appliquer aux meubles qui alors n'auraient pu être l'objet d'un droit de propriété, puisque la propriété quiritaire était la

(1) Gaius, Inst., II, § 16.
(2) Gaius, Inst., II, § 20.
(3) Gaius, Inst., II, § 21.
(4) *Pro Flacco*, 32.

seule qui existât à l'origine chez les Romains, comme nous l'apprend Gaius (1). Or, nous verrons que les meubles ont toujours été en droit romain susceptibles de propriété particulière.

2. Nous allons voir en effet, que la division des biens en meubles et immeubles, quoique n'étant pas indiquée d'une manière générale par les jurisconsultes, n'était cependant pas inconnue des Romains. Nous voyons que, déjà dans la loi des Douze Tables, on distinguait le sol des autres choses. Plus tard, il parut naturel d'assimiler les bâtiments au sol. C'est ce que nous dit Cicéron dans les *Topiques*, ch. 4, « quod in re pari valet, valeat in hac quæ par est, ut, quoniam usus auctoritas fundi biennium est, sit etiam ædium. At in lege ædes non appellantur, et sunt cæterarum omnium quarum annuus est usus. » La division en meubles et en immeubles subsiste et nous en voyons la preuve dans la loi 3, § 13, Dig., liv. XLI, tit. II : « Nerva filius, res mobiles, excepto homine quatenus sub custodia nostra sint, hactenus possideri, id est quatenus si velimus, naturalem possessionem nancisci possimus. » Cette division a encore son utilité sous Justinien à plusieurs points de vue, par exemple pour la restitution de la dot : « Exactio autem dotis celebratur non annua, bima, trima die, sed omni modo intra annum in rebus mobilibus, vel se moventibus, vel in corporalibus : cæteris videlicet rebus, quæ solo con-

____

(1) Instit., II, § 40.

tinentur, illico restituendis; quod commune utriusque fuerat actionis » (1).

Mais la division en meubles et immeubles n'était
pas chez les Romains, comme chez nous, générale
et de nature à embrasser toutes choses. C'est ce que
nous dit Gaius. Après avoir rappelé que la loi des
Douze Tables établissait un délai de deux ans pour
les choses tenant au sol et d'un an pour les autres
choses, il ajoute : « ergo hereditas in cæteris rebus
videbatur esse quia soli non est, quia nec corporalis
est » (2). Les créances ne faisaient pas non plus partie
des meubles : « in peculio autem res esse possunt
omnes, et mobiles, et soli, vicarios quoque potest
habere, et vicariorum peculium hoc amplius, et nomina debitorum » (3).

3. Après avoir posé en principe que la division
des biens en meubles et immeubles n'était pas inconnue des Romains, nous allons montrer comment
ils protégèrent la propriété des meubles ; en d'autres termes, dans quels cas leur revendication était
autorisée, dans quels cas elle ne l'était pas. Elle
l'était d'abord en principe : « quæ specialis in rem
actio locum habet in omnibus rebus mobilibus, tam
animalibus quam his, quæ anima carent, et in his,
quæ solo continentur » (4).

Il y a même à examiner pour les meubles une

(1) Code, liv. V, tit. XIII, loi un., § 7.
(2) Instit., II, § 54.
(3) Dig., liv. XV, tit. I, loi 7, § 4.
(4) Dig., liv. VI, tit. I, loi 1, § 1.

question qui ne se présente pas pour les immeubles,
c'est celle de savoir quand la chose ne se trouve pas
au lieu où le procès est engagé, dans quel endroit
doit se faire la restitution. Il faut distinguer si le
possesseur est de bonne ou de mauvaise foi. S'il est
de bonne foi, la restitution doit être faite au lieu où
se trouve la chose et si le demandeur veut que cette
restitution soit faite au lieu où le jugement a été
rendu, les frais de transport sont à sa charge; mais,
s'il s'agit d'un animal, les frais de nourriture restent à la charge du possesseur : « si res mobilis pe-
tita sit, ubi restitui debeat, scilicet si præsens non
sit ? Et non malum est, si bonæ fidei possessor sit
is cum quo agitur, aut ibi restitui ubi res sit, aut
ubi agitur, sed sumptibus petitoris, qui, extra ciba-
ria, in iter vel navigationem sunt » (1).

Si le possesseur est de mauvaise foi, la solution,
en principe, sera la même, à moins qu'il n'ait enlevé
la chose du lieu où le procès est jugé; dans ce cas
les frais seront à sa charge. C'est ce qu'ajoute la
même loi : « si vero malæ fidei sit possessor, qui in
alio loco eam rem nanctus sit, idem statui debet. Si
vero ab eo loco, ubi lis contestata est, eam subtrac-
tam alio transtulerit illic restituere debet, unde
subtraxit sumptibus suis. »

La revendication est possible pour les meubles,
tant qu'ils sont reconnaissables : « Idem Pomponius
scribit : si frumentum duorum, non voluntate eo-

____

(1) Dig., liv., VI, tit. I, loi 10.

rum, confusum sit, competit singulis in rem actio in id in quantum paret in illo acervo suum cujusque esse. Quod si voluntate eorum commixta sunt, tunc communicata videbuntur et erit communi dividundo actio » (1). C'est ce que nous dit encore la loi 78, Dig., liv. XLVI, tit. III : « si alieni nummi, inscio vel invito domino, soluti sunt manent ejus, cujus fuerunt. Si mixti essent, ita ut discerni non possint : ejus fieri, qui accepit, in libris Gaii scriptum est ; ita ut actio domino cum eo, qui dedisset, furti competeret. » Ce texte nous prouve que les Romains admettaient la revendication même des pièces de monnaie.

Si, de deux choses, on en a fait une nouvelle, la revendication n'est plus possible : « idem scribit, si ex melle meo et vino tuo factum sit mulsum, quosdam existimasse, id quoque communicari. Sed puto verius ut et ipse significat, ejus potius esse qui fecit ; quoniam suam speciem pristinam non continet » (2).

S'il est possible de démêler encore les choses qui ont été unies, la question est alors de savoir si leur séparation peut être effectuée. C'est ce qu'ajoute la même loi : « sed si plumbum cum argento mixtum sit, quia deduci possit, nec communicabitur, nec communi dividundo agetur, quia separari potest, agetur autem in rem actio, sed si deduci, inquit, non possit, ut puta, si æs et aurum mixtum fuerit, pro parte

---

(1) Dig., liv. VI, tit., I, loi 5, princip.
(2) Dig., liv. VI, tit. I, loi 5, § 1.

esse vindicandum, nequaquam erit dicendum, quod in mulso dictum est quia utraque materia, et si confusa, manet tamen. »

4. Nous avons supposé jusqu'ici que le propriétaire triomphait ou que s'il succombait dans sa revendication, cela tenait à certaines circonstances, mais non à ce que son droit se trouvait en conflit avec celui d'un autre qui pouvait lui être préféré. A côté du droit de propriété se place un fait qui peut se confondre avec lui, mais peut en être séparé, c'est la possession. Ce mot qui dérive de *posse*, pouvoir, désigne le fait d'avoir une chose à sa disposition et la volonté de l'utiliser en maître. La possession se compose donc de deux éléments : le *corpus* et l'*animus*. Lorsque cette possession réunit certaines conditions, elle peut à son tour permettre de repousser victorieusement la prétention du précédent propriétaire. Nous devrons donc étudier particulièrement cet obstacle et voir comment la possession prolongée pouvait conduire à la propriété et comment elle était protégée. Nous étudierons cette matière dans le droit avant Justinien et dans la législation de cet empereur.

INTRODUCTION

LÉGISLATION ANTÉRIEURE A JUSTINIEN

Cette introduction comprendra deux parties : l'une consacrée au droit civil, l'autre au droit prétorien.

PREMIÈRE PARTIE

DROIT CIVIL

5.—Nous trourons deux définitions de l'usucapion, l'une dans les règles d'Ulpien, l'autre au Digeste. Voici celle d'Ulpien : « Usucapio est autem dominii adeptio per continuationem possessionis anni vel biennii. » Modestin en donne une autre définition (Loi 3, *De usurp. et usucap.* liv. XLI, Tit. III) : « Usucapio est adjectio dominii per continuationem possessionis temporis lege definiti. » Les compilateurs du Digeste y ont inséré cette définition et c'est avec raison, suivant nous, qu'ils l'ont préférée à celle d'Ulpien, car le mot *adeptio* renferme en lui une idée de violence et d'injustice complétement contraire à la vraie nature de l'usucapion. On est tenté de croire en effet que cet *adeptio dominii* est la chose la plus inique du monde et la destruction du principe de propriété tel qu'on l'entend chez tous les peuples civilisés. Il n'en est rien et l'usucapion, loin d'être la destruction de la propriété, en est la consécration la plus formelle. Il ne faut pas, en effet, se placer uniquement au point de vue de celui qui prétend avoir perdu sa chose, il faut aussi envisager la situation de celui qui possède cette chose. Si vous lui imposez la nécessité de prouver son droit de propriété, vous arriverez souvent à l'en dépouiller, car on ne possède pas toujours les preuves de son droit et cela est surtout vrai lorsqu'il s'agit de meubles dont la propriété se transmet rarement à l'aide d'actes réguliers.

Il y a aussi l'intérêt de l'Etat qui, pour qu'il n'y ait pas déperdition dans la richesse publique, doit veiller à ce que la propriété ne reste pas longtemps incertaine. Si l'on examine que celui qui se trouve privé de la possession d'une chose est coupable d'une certaine négligence, on conviendra que l'usucapion n'a rien d'injuste et qu'elle est indispensable à l'ordre public. C'est ce que nous dit Gaius (1) : « bono publico usucapio introducta est, ne scilicet quarumdam rerum diu et fere semper incerta dominia essent cum sufficeret dominis ad inquirendas res suas statuti temporis spatium. »

Ceci posé et la nécessité de l'usucapion étant admise, nous allons étudier la nature de l'usucapion et les règles auxquelles elle fut soumise.

____

(1) Dig., liv. XLI, tit. III, loi 1.

6. On sait que l'on divise les modes d'acquisition de la propriété en modes dérivés et modes originaires, suivant que l'on tient son droit de quelqu'un ou qu'il prend naissance en vous. L'usucapion est-elle un mode dérivé ou un mode originaire, en d'autres termes est-ce une nouvelle cause d'acquisition ou la confirmation d'un droit antérieur? Il semble au premier abord que la définition d'Ulpien que nous avons citée plus haut donne gain de cause à la première opinion ; car, puisque le *dominium* est *adeptum*, il semble que c'est à ce moment qu'il doit passer au nouveau propriétaire, mais nous avons préféré la définition de Modestin et l'on peut comprendre d'après cette définition que l'usucapion ne soit que la consécration d'un droit préexistant. Indépendamment des principes, les textes nous prouvent que cette solution est la véritable. Si en effet l'usucapion est un mode originaire, celui qui a usucapé acquiert la propriété pleine et entière sans aucune charge ; si c'est un mode dérivé il doit subir les charges qui grevaient la propriété auparavant. Plusieurs lois nous montrent que c'est ce qui avait lieu en réalité, entre autres la loi 44, § 5, Dig., Liv. XLI, tit. III.

7. Nous allons maintenant examiner les règles de l'usucapion. Nous avons vu plus haut que l'usucapion remontait à la loi des Douze Tables. Elle eut dans l'ancien droit deux applications distinctes. Il est nécessaire, pour bien comprendre la première de rappeler quels étaient les principes des anciens Romains en matière de propriété. On sait que la pre-

mière population de Rome fut un ramassis de brigands, de gens sans aveu, de tout en un mot ce que l'Italie avait de plus méprisable. Ces gens qui, jusqu'alors, n'avaient vécu que de rapines, une fois devenus propriétaires, voulurent consolider leurs droits et se mettre à l'abri des attaques de gens qui voudraient suivre leur exemple. C'est ainsi qu'ils organisèrent de très-bonne heure et très-solidement la propriété, mais au profit des seuls citoyens romains.

Il y eut chez eux deux sortes de propriété: la propriété parfaite, le *dominium ex jure Quiritium*, qui ne pouvait appartenir qu'aux seuls citoyens romains et ne pouvait se transmettre que par certains modes particuliers, et ce qu'on a appelé le domaine bonitaire (1).

Ainsi on ne pouvait devenir propriétaire *ex jure Quiritium* d'une chose *mancipi* que si elle vous avait été transmise par *mancipatio* ou *cessio in jure*, sinon on ne l'avait qu'*in bonis*. L'usucapion était un moyen de devenir propriétaire *ex jure Quiritium* d'une chose *mancipi*. C'est ce que nous dit Gaius (2) : « Nam si tibi rem mancipi, neque mancipavero, neque in jure cessero, sed tantum tradidero, in bonis quidem tuis ea res efficietur, ex jure Quiritium vero mea permanebit, donec eam possidendo usucapias : Semel enim impleta usucapione, proinde pleno jure incipit, id est, et in bonis et ex jure Quiritium tua res esse, ac si ea mancipata vel in jure

(1) Gaius, Inst., II, § 40.
(2) Inst., II, § 41.

cessa. » Ceci n'est qu'un exemple et on doit l'étendre à toutes les choses sur lesquelles on n'acquérait que le domaine bonitaire. Il résulte de là que l'usucapion ne pouvait avoir lieu qu'au profit des citoyens romains qui seuls pouvaient avoir le *dominium ex jure Quiritium*, d'où cette maxime : « adversus hostem æterna auctoritas. » Hostis veut dire ici étranger et non ennemi.

8. L'usucapion avait une autre utilité qui est probablement dérivée de la première. L'ordre dans lequel Gaius les énumère ainsi que la logique le prouvent. Après avoir permis à celui qui avait la chose *in bonis* de devenir propriétaire *ex jure Quiritium*, il fut naturel de lui permettre de transmettre son droit tel qu'il l'avait, c'est-à-dire que son acquéreur pût, lui aussi, devenir propriétaire *ex jure Quiritium*. Puis quelle différence y avait-il au point de vue rigoureusement légal entre celui qui avait reçu la chose de quelqu'un, qui l'avait *in bonis* ou de quelqu'un qui n'avait aucun droit sur cette chose, puisque, d'après la loi romaine, celui qui avait la chose seulement *in bonis* n'en était pas propriétaire ? Si l'acquéreur avait cru recevoir la chose du véritable propriétaire, ne devait-il pas être traité favorablement ?

C'est ce qui fit admettre une seconde application de l'usucapion au sujet de laquelle Gaius dit (1) : « Cæterum etiam earum rerum usucapio nobis com-

______
(1) Inst., II, § 43.

petit, quæ non a domino nobis traditæ fuerint, sive mancipi sint eæ res sive nec mancipi si modo eas bona fide acceperimus, cum crederemus eum qui tradiderit, dominum esse. » Ainsi on le voit, il faut deux conditions pour pouvoir devenir propriétaire par l'usucapion, la bonne foi et la juste cause. Ces conditions subsistant sous Justinien, nous aurons à les étudier en détail lorsque nous examinerons la législation à cette époque.

9. Quelles étaient les autres conditions nécessaires pour que l'usucapion pût avoir lieu? Il fallait d'abord que la chose fût susceptible de propriété civile. Cette condition se trouvait dans tous les meubles et c'est là une différence avec les immeubles, car les fonds provinciaux n'étant pas susceptibles de propriété quiritaire, ne pouvaient être usucapés, tandis que tous les meubles étaient susceptibles de propriété quiritaire, sauf ceux qui n'étaient pas dans le commerce.

Une autre différence entre les meubles et les immeubles, c'est que les choses volées ne pouvaient être usucapées et qu'on avait fini par décider que les immeubles n'étant pas susceptibles de déplacements ne pouvaient être volés.

Une troisième différence entre les meubles et les immeubles était relative au temps requis pour l'usucapion : il était de deux ans pour les immeubles et d'un an pour les meubles : « usus auctoritas fundi biennium, cæterarum rerum annuus usus esto, » nous dit la loi des Douze Tables. Sigonius (1) pense que le mot

(1) *De antiquo jure civium romanum*, liv. I, cap. XI.

auctoritas dérive de *auctio* qui était une espèce d'adjudication faite par le magistrat au plus offrant enchérisseur, *ei qui pluris auget*. Primitivement le nom d'*auctoritas* aurait été donné à la propriété acquise par l'*auctio* et ensuite à tout droit de propriété acquis par la loi.

Enfin une dernière différence entre les meubles et les immeubles était relative aux personnes contre lesquelles courait l'usucapion. Les immeubles d'un mineur ne pouvaient être usucapés, les meubles le pouvaient. C'est ce qui résulte de la loi 48 princ., liv. XLI, tit. I : « Nec interest ea res, quam bona fide emi, longo tempore capi possit necne : veluti si pupilli sit, aut vi possessa, aut Præsidi contra legem repetundarum donata ab eoque abalienata sit bonæ fidei emptoris. » La phrase qui précède prouve qu'il s'agit seulement d'immeubles : « denique etiam priusquam percipiat, statim ubi a solo separati sunt, bonæ fidei emptoris efficiunt. » On a voulu corriger cette loi en se fondant sur un passage des Basiliques et on a remplacé *pupilli* par *populi*; mais nous sommes de l'avis de Cujas qui pense que le texte du Digeste doit être maintenu. Il paraît, en effet, que primitivement ni les meubles, ni les immeubles des mineurs, du moins de ceux qui étaient en tutelle légitime, ne pouvaient être usucapés. C'est ce que nous dit Cicéron dans ses lettres à Atticus : « Id mirabamur te ignorare, de tutela legitima, in qua dicitur, esse puella nihil usucapi posse » (1). Ceci est con-

(1) *Ad Atticum*, I, ep. 5.

firmé par un passage du discours pour Flaccus. Cicéron nie qu'une femme ait pu être usucapée et il en donne le motif suivant : « Nihil enim potest de tutela legitima, sine omnium tutorum auctoritate, deminui (1). » Mais il paraît que plus tard les meubles des mineurs purent être usucapés. C'est ce que nous montrent plusieurs textes du Digeste, entre autres la loi 4, § 11, liv. XLI, tit. III : « Si pupilli res subrepta sit, sufficere dicendum est, si tutor ejus sciat, rediisse eam in domum pupilli. » Puisqu'on nous dit que le meuble volé à un pupille ne peut être usucapé, c'est donc que les autres peuvent l'être. C'est ce qui résulte encore de la loi 7, § 3, liv. XLI, tit. IV : « Si tutor rem pupilli subripuerit et vendiderit : usucapio non contingit, priusquam res in potestatem pupilli redeat, nam tutor in re pupilli tunc domini loco habetur, cum tutelam administrat, non cum pupillum spoliat. »

10. D'autres conditions étaient relatives aux personnes qui pouvaient usucaper. Ici nous ne trouvons pas de différence entre les meubles et les immeubles.

Les étrangers ne pouvant acquérir la propriété quiritaire ne pouvaient naturellement usucaper.

Quant aux esclaves et aux enfants en puissance, ils ne pouvaient usucaper pour eux-mêmes, mais acquéraient pour ceux sous la puissance desquels ils étaient placés : « Adquiritur nobis non solum per nosmetipsos sed etiam per eos quos in potestate habemus» (2).

(1) *Pro Flacco*, 34.
(2) Inst., liv., II, tit. IX, princ.

DEUXIEME PARTIE

DROIT PRÉTORIEN

11. Nous venons de voir comment dans l'ancien droit civil la revendication du propriétaire pouvait se trouver paralysée par l'existence du droit du possesseur. Cette législation présentait deux lacunes : la possession ne produisait d'effet qu'au bout d'un certain temps et la propriété à laquelle elle conduisait ne pouvait appartenir qu'aux seuls citoyens romains et s'exercer que sur des choses susceptibles de propriété quiritaire. Il était cependant utile, dans l'intérêt même des Romains, que les pérégrins pussent devenir propriétaires par le laps de temps. Il fallait également protéger la possession contre les violences privées et venir au secours de celui qui, au bout d'un certain temps, ne pouvait pas prouver l'existence de ses droits sur une chose non susceptible de propriété quiritaire. Tel fut le but que se proposèrent les préteurs. On connaît leur rôle dans le droit romain. Ce n'est jamais par mesures radicales qu'ils procédèrent. Chargés seulement d'interpréter la loi, ils arrivèrent souvent à en modifier les effets d'une manière notable. C'est ce qui est arrivé dans notre matière.

Nous examinerons successivement comment se perdait la possession des meubles, comment elle fut protégée par les préteurs et quels avantages ils lui attribuèrent.

CHAPITRE PREMIER

COMMENT SE PERDAIT LA POSSESSION DES MEUBLES ET COMMENT ELLE FUT PROTÉGÉE PAR LES PRÉTEURS

12..La possession des meubles et celle des immeubles ne se perdait pas de la même façon. On pouvait, en effet, abandonner la garde d'un immeuble sans en perdre la possession, pourvu qu'un autre ne s'en fût pas emparé; tandis qu'on perdait la possession d'un immeuble en même temps que la détention matérielle. C'est ce que nous dit la loi 3, § 13, liv. XLI, tit. II, que nous avons déjà citée (n° 2). Cette loi nous apprend également qu'il y avait exception pour l'esclave qu'on considérait comme ayant conservé l'esprit de retour et se trouvant ainsi toujours à la disposition de son maître.

13. Voyons maintenant comment les préteurs avaient protégé la possession des meubles. Nous verrons plus tard, en étudiant le droit français, que, pour les meubles, il n'y a pas d'action possessoire distincte de l'action pétitoire. Il en était autrement en droit romain : il y avait pour les meubles une action possessoire, spéciale qui était connue sous le nom d'interdit *utrubi*. Nous ne discuterons pas la ques-

tion de savoir quelle était la signification originaire du mot *interdit*. Nous rappellerons seulement que la plupart des interdits avaient pour but de protéger la possession. On divisait ces interdits en interdits *adipiscendæ possessionis*, *recuperandæ possessionis* et *retinendæ possessionis*. C'est dans cette dernière classe qu'était rangé l'interdit *utrubi*.

Cet interdit ne s'appliquait primitivement qu'à la possession des esclaves, comme il résulte du passage suivant d'Ulpien : « prætor ait : *utrubi hic homo, de quo agitur, majore parte hujusce anni fuit; quominus is eum ducat, vim fieri veto* » (1). Mais il paraît qu'il fut ensuite étendu à toutes les choses mobilières. C'est ce qui ressort du § 1 de la même loi : « Hoc interdictum de possessione rerum mobilium locum habet, sed obtinuit vim ejus ex æquatam fuisse *uti possidetis* interdicto, quod de rebus soli competit : ut is et in hoc interdicto vincat, qui nec vi nec clam nec precario, dum super hoc adversario inquietatur, possessionem habet. » C'est ce que nous dit encore Gaius : « Et quidem *uti possidetis* interdictum de fundi vel ædium possessione redditur, utrubi vero de rerum mobilium possessione (2).

14. Pour qu'on pût invoquer cet interdit, il fallait d'abord, comme pour tous les interdits possessoires, que la possession fût exempte de certains vices ;

____

(1) Dig., liv. XLIII, tit. XXXI, loi un., princ.
(2) Instit., IV, § 149.

c'est ce qui résulte de la fin du texte d'Ulpien cité plus haut.

15. Il fallait, en outre, que la possession de celui qui invoquait l'interdit eût duré plus longtemps que celle de l'adversaire. C'était là une différence avec l'interdit *uti possidetis* qui s'appliquait aux immeubles et qui était rendu en faveur du possesseur actuel. Le texte d'Ulpien semble, il est vrai, contraire à cette distinction, mais nous verrons plus loin que cette différence avait été supprimée, et l'on pourrait conclure de ce texte qu'elle avait déjà disparu au moment où Ulpien écrivait. Elle existait certainement à l'époque du droit classique, ainsi que nous le prouve le passage suivant de Gaius : « Et si quidem de fundo vel ædibus interdicitur, eum potiorem esse prætor jubet qui, eo tempore quo interdictum redditur, nec vi nec clam nec precario possideat ; si vero de re mobili, tunc eum potiorem esse jubet qui majore parte ejus anni nec vi nec clam nec precario ab adversario possedit ; idque satis ipsis verbis interdictum significatur » (1). Plus loin (2), Gaius nous explique le sens des mots *major pars anni* : « Annus autem retrorsus numeratur, itaque si tu verbi gratia anni mensibus possederis prioribus quinque et ego septem posterioribus ego potior ero. » Ceci est encore confirmé par un passage de Paul (3) et par la loi 156, Dig., liv. 4, tit. XVI :

(1) Instit., IV, § 150.
(2) Instit., IV, § 152.
(3) Sentent., liv. V, tit. VI, § 1.

« *Majore parte anni* possedisse quis intelligitur, etiam si duobus mensibus possederit; si modo adversarius ejus aut paucioribus diebus aut nullis possederit. » Cette différence entre l'interdit *uti possidetis* et l'interdit *utrubi* tenait probablement à ce que la possession d'un meuble se perd plus facilement que celle d'un immeuble et qu'ainsi celui qui est possesseur actuel d'un meuble peut n'être pas le plus digne de protection.

16. Pour calculer le temps de la possession, on pouvait joindre la possession de son auteur à la sienne. Nous verrons plus tard, en étudiant l'usucapion au temps de Justinien, comment s'opérait cette jonction. Les règles sont les mêmes, sauf une différence que nous allons signaler. Posons d'abord le principe que nous trouvons dans le passage suivant de Gaius : « At *in utrubi* interdicto non solum sua cuique possessio prodest, sed etiam alterius, quam justum est ei accedere : velut ejus cui heres extiterit, ejusque a quo emerit aut donatione acceperit » (1).

Voici la différence entre l'interdit *utrubi* et l'usucapion. Pour se prévaloir de la possession de son auteur, au point de vue de l'interdit, il n'est pas nécessaire que le défunt soit encore en possession au moment de sa mort, il suffit qu'il l'ait été à un certain moment : « Non autem ea tantum possessio testatoris heredi procedit, quæ morti fuit in-

____

(1) Inst., IV, § 151.

juncta, verum ea quoque, quæ unquam testatoris fuerit » (1). Nous verrons plus loin qu'il en était autrement pour l'usucapion.

17. L'interdit *utrubi* se trouvait recevoir une application curieuse dans le cas de la loi *Cincia*. On sait que cette loi avait pour but de réduire les libéralités excessives. Elle était *imperfecta*, c'est-à-dire qu'elle ne donnait pas au donateur une action pour rentrer en possession de ses biens, mais lui fournissait une exception par laquelle il pouvait repousser le donataire. Il fallait donc qu'il jouât dans le procès le rôle de défendeur, l'interdit *utrubi* lui en procurait le moyen : « In rebus mobilibus, etiamsi traditæ sint, exigitur ut et interdicto *utrubi* superior sit is, cui donata est, sive mancipi mancipata sit, sive nec mancipi tradita » (2). Le donateur se trouvait, au moyen de l'interdit *utrubi* remis en possession du meuble donné et pouvait ensuite repousser le donataire par l'exception tirée de la loi Cincia. Mais ceci ne pouvait avoir lieu que dans les donations. Le vendeur, par exemple, qui aurait voulu se servir de l'interdit *utrubi* pour rentrer en possession de la chose vendue se serait vu repoussé soit par l'exception de dol, soit par l'exception *rei venditæ et traditæ*.

18. Nous avons dit plus haut que l'interdit *utrubi* était un interdit *retinendæ possessionis*. Il pouvait servir aussi à recouvrer la possession, lorsque le de-

(1) Dig., liv. XLI, tit. II, loi 13, § 5.
(2) *Fragm. vatican.*, § 311.

mandeur avait possédé la chose plus longtemps que le possesseur actuel. Si on le qualifiait d'interdit *retinendæ possessionis*, c'est que, suivant la remarque d'Ulpien, on peut être considéré comme n'ayant pas perdu la possession tant qu'on peut la recouvrer : « Si quis vi de possessione dejectus sit, perinde haberi debet, ac si possideret ; cum interdicto *de vi* recuperandæ possessionis facultatem habeat » (1). Il y a intérêt, du reste, à dire que l'interdit *utrubi* est un interdit *retinendæ possessionis* parce que alors la possession ne sera pas interrompue à l'égard de celui qui pourra la recouvrer à l'aide de cet interdit.

19. Ce que nous venons de dire explique pourquoi la possession des meubles n'était pas protégée en droit romain par un interdit *recuperandæ possessionis*. L'interdit *de vi* qui atteignait ce but pour les immeubles ne s'appliquait pas en effet aux meubles, d'après ce que nous dit Ulpien : « illud utique in dubium non venit, interdictum hoc ad res mobiles non pertinere » (2). Il nous explique ensuite par quelles actions on l'avait remplacé : « nam ex causa furti vel vi bonorum raptorum actio competit : potest et ad exhibendum agi. » Il termine en nous disant que l'interdit *de vi* peut cependant s'appliquer aux meubles considérés comme accessoires des immeubles : « plane si quæ res sint in fundo, vel in

---

(1) Dig., liv. XLI, tit. II, loi 17, princ.
(2) Dig., liv. XLIII, tit. XVI, loi 1, § 6.

ædibus, unde quis dejectus est, etiam earum nomine interdictum competere non est ambigendum. »
Les actions indiquées par Ulpien ne pouvaient être employées par le possesseur de mauvaise foi, car pour exercer l'action *furti* par exemple, il faut que *causa honesta interest* (1). Mais alors l'interdit *utrubi* pouvait être invoqué, tant que le nouveau possesseur n'avait pas possédé pendant un temps supérieur à l'ancien.

20. Au Bas-Empire, une constitution de Valentinien et Arcadius (2) déclara que le propriétaire qui recourrait à la violence pour recouvrer sa chose en perdrait la propriété et que l'étranger qui emploierait ce moyen devrait payer l'estimation de la chose. Cette constitution ne distingue pas entre les meubles et les immeubles.

CHAPITRE II

DE LA PRESCRIPTION DE LONG TEMPS

21. Voyons maintenant comment les préteurs avaient modifié les effets attachés à la possession dans l'ancien droit civil. Le possesseur pouvait, au bout d'un certain temps et moyennant certaines conditions, acquérir la propriété par prescription.

Ce mot qui a passé dans notre langue ne s'appli-

(1) Dig., liv. XLVII, tit. II, loi. 11.
(2) Code, liv. VIII, tit. IV, loi 7.

quait pas seulement à ce mode d'acquérir : on appelait en général *præscriptio*, une phrase mise en tête de la formule délivrée par le préteur et qui en modifiait le sens. Le préteur mettait en tête de la formule : « ea res agatur cujus non est possessio longi » temporis. » Le juge avait à examiner si le défendeur réunissait les conditions nécessaires pour faire obstacle à l'action du défendeur.

22. Ces conditions étaient d'abord celles de l'usucapion : le juste titre et la bonne foi. Mais il y avait des différences. Ainsi nous avons vu que l'usucapion ne pouvait être invoquée que par les citoyens romains, la prescription pouvait l'être même par les pérégrins. Il y avait ensuite des différences au point de vue de la procédure : l'usucapion était un mode d'acquérir, la prescription un moyen de défense; d'où il résultait que si le possesseur était dépossédé, il n'avait pas d'action pour recouvrer la chose. Cependant nous venons de voir qu'il le pouvait à l'aide de l'interdit *utrubi*.

23. L'usucapion n'était pas interrompue par la *litis contestatio*. Quant à la prescription de long temps, la question est controversée. Cujas pense qu'elle est interrompue et nous sommes de son avis. Cela nous paraît résulter en effet d'une manière irréfutable de la loi 2 au Code, liv. VII, tit. XXXIII, et de la loi 1, au même titre.

Il résulte même de cette dernière loi que si cette prescription a été interrompue contre un possesseur, celui-ci ne peut plus prescrire, mais s'il vend la chose, son acquéreur le pourra. Cujas fait observer ici que la loi 1 doit être ainsi comprise : si après avoir triomphé du procès, le possesseur du fonds le vend à un acheteur de bonne foi qui possède pendant vingt ans, celui-ci sera protégé par la prescription de long temps et la mauvaise foi de son auteur lui nuit en ce sens qu'il ne peut joindre le temps de possession de celui-ci au sien. Ce que la loi ajoute que ceci doit être observé contre la République doit être entendu ainsi que même contre la République, la prescription sert à celui qui a eu un juste commencement de possession et n'a pas été interpellé pendant ce temps. Cette partie de la loi paraît en contradiction avec la loi unique au Code, tit. XXXI, qui dit : que dans la prescription de long temps il suffit que la bonne foi existe au commencement, mais il faut ajouter qu'il n'y ait pas eu interruption par la *litis contestatio*. Le système que nous venons de soutenir est encore confirmé par la loi 10 au Code, Liv. VII, tit. XXXII, et par le § 5, Liv. V, tit. II, des *Sentences de Paul*.

24. Une autre différence était relative à la durée. Le territoire de la République s'étant étendu, les délais étaient devenus insuffisants. Aussi furent-ils augmentés et fixés à dix ans entre présents et vingt ans entre absents. Le prétendu propriétaire était considéré comme présent lorsqu'il habitait la même province que le possesseur et comme absent lorsqu'il habitait une autre province. On n'avait pas égard à la situation de l'immeuble, car ceci ne

fut d'abord admis que pour cette classe de biens et c'est Antonin le Pieux qui le premier permit d'appliquer la prescription aux meubles : « Rescriptis quibusdam Divi Magni Antonini cavetur, ut in rebus mobilibus locus sit præscriptioni diutinæ possessionis (1). »

25. Cette loi a été l'objet de nombreuses controverses. Cujas pense qu'il y a là une interpolation de Tribonien. Suivant lui Antonin aurait déclaré que la prescription à l'inverse de l'usucapion, s'appliquerait aux fonds provinciaux et le texte devrait être ainsi rétabli : *in rebus soli provincialis immobilibus.* Justinien ayant fait disparaître la différence entre les fonds provinciaux et les fonds italiques, Tribonien supprima les mots *soli provincialis* et changea *immobilibus* en *mobilibus.*

Pothier (2) a voulu restreindre l'application de ce principe aux meubles possédés par des cités et il fonde son opinion sur la loi 2 (Code, Liv. VII, Tit. XXXVI) : « In servorum proprietatis negotio » cum usucapio locum habeat, ad quæstionem longi » temporis præscriptionis superfluo pervenitur. » Mais cette loi veut seulement dire que toutes les fois que l'usucapion s'appliquera, il sera inutile d'invoquer la prescription, mais ne signifie pas que l'on ne pourra pas invoquer cette prescription quand elle sera utile. Comment croire en outre qu'Antonin voulant accorder la prescription de long temps aux

(1) Dig. liv. XLIV, tit. III, loi 9.
(2) *Pand.*, liv. XLI, tit. III, sect. II, art. 1er, § 2.

cités n'ait pas prononcé ce mot et n'ait parlé que des meubles, c'est-à-dire des choses les moins importantes?

D'autres lois nous prouvent que la prescription pouvait s'appliquer quelquefois aux meubles. C'est d'abord la loi 3, liv. XLIV, tit. III : « longæ possessionis præscriptionem tam in prædiis quam in mancipiis locum habere manifestum est. » Il y avait intérêt à appliquer la prescription en matière de meubles parce qu'elle avait son effet tant à l'égard des créanciers que du propriétaire. C'est ce que nous dit la loi 1, Code, liv. VII, tit. XXXVI : « diuturnum silentium longi temporis præscriptione corroboratum, creditoribus pignus persequentibus inefficacem actionem constituit. »

26. Nous avons vu plus haut (n° 9), que les immeubles des mineurs ne pouvaient être usucapés, ils ne pouvaient non plus être prescrits : « si vineæ quas mater tua vitrico tuo in dotem dedit, tuæ proprietatis sunt : nec ulla præscriptio ex transacti temporis prolixitate adolevit : præses provinciæ restitui tibi eas efficiet » (1). Quant aux meubles, nous ne trouvons pas de textes spéciaux sur eux, mais nous croyons que, s'ils pouvaient être prescrits, les effets de la prescription se trouvaient annulés par l'*in integrum restitutio*. C'est ce qui nous paraît résulter de la loi 5, Code, liv. II, tit. XLI, dans laquelle Justinien déclare, sans faire de distinction entre les

____

(1) Code, liv. VII, tit. XXXIII, loi 3.

meubles et les immeubles, que la prescription de dix
ou vingt ans ne s'appliquera plus aux biens des mineurs.

LÉGISLATION DE JUSTINIEN

27. Nous arrivons maintenant à l'époque de Justinien. A ce moment, les distinctions entre le domaine
bonitaire et le domaine quiritaire et entre les choses
mancipi et *nec mancipi* tombées en désuétude, vont
être législativement abrogées.

L'usucapion ne peut avoir d'autre utilité que de
rendre propriétaire celui qui a acquis une chose *a
non domino*. Deux institutions sont devenues inutiles pour arriver au même résultat et Justinien les
réunit en une seule. De plus, les conditions de l'interdit *utrubi* sont modifiées. Ce sont ces modifications que nous allons d'abord étudier, puis nous
examinerons les conditions de l'usucapion et ensuite
ses effets.

28. Nous avons vu plus haut (n° 14) que, pour
triompher dans l'interdit *utrubi*, il fallait avoir possédé pendant plus longtemps que son adversaire.
Ceci n'existe plus sous Justinien. C'est le possesseur
actuel qui triomphe. Comparant l'interdit *utrubi*
avec l'interdit *uti possidetis*, il nous dit : « quorum
vis ac potestas plurimam inter se differentiam apud
veteres habebat » (1). Et, après avoir indiqué cette

____
(1) Instit., liv. IV, tit. XV, § 4.

différence, il ajoute : « hodie tamen aliter observatur. Nam utriusque interdicti potestas (quantum ad possessionem pertinet) exæquata est : ut ille vincat et in re soli et in re mobili, qui possessionem nec vi, nec clam, nec precario ab adversario litis contestatæ tempore detinet. » La possession des meubles se trouve donc moins bien protégée qu'autrefois. Le possesseur dépouillé ne pourra recouvrer la chose, que si la possession de son adversaire se trouve entaché d'un vice et pourvu qu'il agisse dans l'année. Sinon, si la possession de l'adversaire est exempte de vices, ou s'il a transmis la chose à un tiers de bonne foi, l'ancien possesseur ne pourra agir que par la revendication ou l'action publicienne, pour lesquelles il est nécessaire de prouver sa propriété ou tout au moins l'existence d'une *justa causa usucapionis*.

Nous allons maintenant nous occuper des conditions et des effets de l'usucapion sous Justinien.

PREMIÈRE PARTIE

CONDITIONS DE L'USUCAPION

29. Les conditions de l'usucapion sont de trois sortes : elles sont relatives soit à la personne qui usucape, soit à la chose que l'on usucape, soit enfin au temps nécessaire pour usucaper. Nous examinerons d'abord celles qui concernent la personne, *quis potest usucapere*, ensuite celles qui se rapportent à la chose *quas res potest usucapere* et enfin celles relatives au laps de temps *quanto tempore*. C'est l'ordre indiqué par Paul dans la loi 4, princip., liv. XLI, tit. III.

CHAPITRE PREMIER

CONDITIONS RELATIVES A LA PERSONNE

30. Parmi les conditions qui doivent exister dans la personne, les unes se rapportent à la capacité, les autres à la possession. Parlons d'abord des premières.

SECTION PREMIÈRE

CONDITIONS RELATIVES A LA CAPACITÉ

31. Dans l'ancien droit, le fils de famille ne pouvait acquérir que s'il était militaire et seulement les

choses acquises à l'armée. Sous Justinien, le fils peut acquérir pour lui tout ce qu'il n'acquiert pas des deniers de son père. Nous trouvons une application spéciale de ce principe à l'usucapion dans la loi 4, § 1, à notre titre où l'on a ajouté le mot *maxime*.

32. Un pupille peut acquérir par usucapion ce qu'il a commencé à posséder avec l'autorisation de son tuteur et même ce qu'il possède sans cette autorisation pourvu qu'il soit sorti de l'enfance et qu'il ait l'intention de posséder. Un furieux peut achever l'usucapion commencée avant sa démence, mais ne peut la commencer que s'il a acquis par l'intermédiaire de son esclave agissant à raison de son pécule.

33. Celui qui est au pouvoir des ennemis ne peut pendant ce temps ni acquérir, ni conserver de possession (1) à moins que pendant ce temps son fils ou son esclave n'acquière à raison de son pécule. Il peut arriver que le père de famille soit mort en captivité, alors pour calculer le temps nécessaire à l'usucapion, on pourra compter le temps de la captivité.

34. D'après la rigueur des principes, on aurait dû décider qu'une succession vacante ne pouvait acquérir par usucapion, mais on avait fini par admettre qu'elle le pouvait et surtout que l'usucapion commencée par le défunt pouvait s'accomplir avant l'adition d'hérédité.

_____

(1) Dig., liv. IV, tit. VI, loi 23, § 1.

SECTION II

DES CONDITIONS DE LA POSSESSION

Nous avons vu plus haut (n° 4) ce que c'était que la possession. Nous allons voir maintenant les conditions qu'elle doit réunir pour pouvoir conduire à l'usucapion.

Pour que la possession pût conduire à l'usucapion, il fallait qu'elle réunît deux caractères, le juste titre, *justa causa* et la bonne foi.

§ 1. *Du juste titre.*

35. Les Instituts ne définissent pas le juste titre et les interprètes en ont donné plusieurs définitions. C'est ainsi que l'on a dit : c'est un fait qui révèle chez le précédent propriétaire l'intention d'aliéner. Cette définition ne tient pas compte du mot *justa*. En voici une autre plus exacte : c'est un fait qui, conforme au droit, serait de nature à transférer la propriété s'il était émané du véritable propriétaire. Il y a donc autant de justes causes d'acquisition qu'il peut y avoir de faits générateurs du droit de propriété. S'il n'y a qu'un seul genre de possession, nous dit Paul (1), il y en a une infinité d'espèces et il cite à

(1) Dig., liv. XLI, tit. II, loi 3, § 21.

titre d'exemple, les possessions *pro emptore, pro donato, pro legato, pro herede, pro noxœ dedito, pro suo*. Avant de les étudier, nous allons examiner les règles générales sur le juste titre.

36. Il importe peu que celui qui possède en vertu d'un juste titre soit tenu de restituer la chose en vertu d'une action personnelle, par exemple celui à qui l'on a donné mandat d'acheter une chose et à qui elle a été livrée, peut l'usucaper. Mais il faut avoir l'*animus domini* et celui à qui la chose a été donnée en gage ne peut l'usucaper non plus qu'un usufruitier, ni la femme ou les héritiers envoyés en possession des biens d'un défunt.

Il faut ensuite que le titre soit valable, ainsi l'adoption faite par une femme ne peut donner un juste titre pour usucaper ses biens (1).

Il suffit que le titre soit juste à un moment, soit à celui où le contrat s'est formé soit avant le temps nécessaire pour l'usucapion (2).

37. Examinons maintenant séparément les titres du Digeste qui traitent des différentes justes causes. Il y a d'abord l'achat. Pour posséder *pro emptore*, il faut avoir acheté de quelqu'un que l'on croit être le véritable propriétaire. On y a assimilé la possession du défendeur qui a payé la *litis œstimatio* et a gardé la chose revendiquée, ainsi que celle d'un mari qui, avant ou pendant le mariage, reçoit à titre de

---

(1) Code, liv. VII, tit. XXXIII, loi 8.
(2) Dig., liv. XXIV, tit. I, loi 24.

dot des *res æstimatæ*. Il faut que la vente soit réelle (1). Cependant une vente simulée peut permettre d'usucaper *pro donato*.

38. La donation peut en effet aussi créer un juste titre pour usucaper : « Pro donato is usucapit cui donationis causa res tradita est » (2). Il n'est pas nécessaire pour que l'on puisse usucaper comme donataire que la donation soit irrévocable (3). Il faut toutefois que la donation soit valable (4). Mais l'usucapion pourra avoir lieu si la donation nulle dans le principe a été validée ensuite (5).

39. Lorsque l'on abandonne une chose au profit du premier venu qui s'en emparera la chose devient immédiatement *res nullius* et celui qui la trouvera en deviendra propriétaire par l'usucapion. Si celui qui abandonne la chose n'en était pas propriétaire, il y aura *justa causa usucapiendi* (6). Il faut pour que l'usucapion puisse être acquise à ce titre que l'on sache que la chose a été abandonnée sans qu'il soit nécessaire de savoir par qui. Il ne faut pas confondre les choses abandonnées avec les choses perdues. Celles-ci sont soumises aux règles du droit commun : Celui qui les trouve ne peut les usucaper, mais s'il les aliène l'acquéreur le peut.

40. Le légataire à qui une chose a été léguée par

---

(1) Dig., liv. XLI, tit. III, loi 2, § 7.
(2) Dig., liv. XLI, tit. VI, loi 1, princ.
(3) Dig., liv. XXXIX, tit. V, loi 18, § 2.
(4) Dig., liv. XLI, tit. VI, loi 1, §§ 1 et 2.
(5) Dig., liv. XLI, tit. VI, loi 4.
(6) Dig., liv. XLI, tit. VII.

un non-propriétaire peut usucaper (1). Il le peut même du vivant du véritable propriétaire. Il n'est pas nécessaire que la chose ait été livrée par l'héritier pourvu que le légataire en soit en possession d'une manière régulière ; mais il faut que la *testamenti factio* existe avec le légataire.

41. Lorsqu'il n'y a pas eu d'estimation de la dot, le mari peut usucaper après le mariage les choses données en dot. C'est l'usucapion *pro dote*. C'est ce que nous dit l'empereur Alexandre dans la loi unique au Code, Liv. VII, Tit. XXVIII. Si le mari avait reçu la dot avant le mariage, il pourra jusqu'à cette époque usucaper *pro suo* (2).

42. Lorsque dans un procès, un *non-dominus* cède à son adversaire en retour de l'abandon de sa prétention une *res aliena* ou lui abandonne une chose litigieuse, celui-ci peut usucaper (3).

43. Lorsque celui qui a perdu un procès donne en exécution de la condamnation une chose dont il n'est pas propriétaire, il y a *justa causa usucapionis* (4).

44. Lorsque le possesseur d'un esclave qui a commis un délit l'abandonne à la victime, on dit qu'il y a possession *pro noxæ dedito*.

45. L'usucapion *pro soluto* se confond avec l'usucapion *pro emptore*, *pro legato*, *pro dote*, etc. Lors-

(1) Dig., liv. XLI, tit. VIII, loi. 1.
(2) Dig., liv. XLI, tit. IX, loi 1, § 2.
(3) Code, liv. VII, tit. XXVI, loi 8.
(4) Dig., liv. VI, tit. II, loi 3, § 1, *in fine*.

que l'on donne la chose même qui est due; elle ne s'en distingue que si, du consentement du créancier, l'on donne une autre chose.

46. L'expression *possidere pro suo* a deux sens distincts : elle signifie d'abord avoir l'*animus domini*. C'est donc plutôt une condition de la possession qu'un genre particulier de possession. Dans l'autre sens, on applique cette expression à toute possession qui n'est pas caractérisée d'une manière particulière (1).

47. C'est à celui qui invoque une juste cause à la prouver. Faut-il que cette juste cause existe réellement ou suffit-il de l'opinion que l'on a d'une juste cause ? En d'autres termes, le titre putatif équivaut-il au titre réel? Justinien semble trancher la question d'une manière formelle contre le titre putatif au § 11 de notre titre aux Institutes, mais il ressort de textes du Digeste que cette question avait été longtemps et vivement controversée.

Il est utile d'abord de bien préciser la question. Je ne crois pas qu'il ait été jamais admis que toute croyance à un juste titre pût suppléer à ce juste titre. La controverse existait uniquement sur le point de savoir si l'on devait admettre *probabilis* ou *tolerabilis* error. Cette question avait longtemps partagé les jurisconsultes.

La discussion remonte au temps de la division entre Cassiens et Proculéiens. C'est ainsi que nous

______
(1) Dig., liv. XLI, tit. X, loi 1, princip. et § 1.

voyons Cassius exiger la réalité d'un titre, tandis que Proculus se contentait de la croyance à un titre, pourvu que cette croyance fût excusable.

La lutte se continue entre les successeurs de ces deux jurisconsultes; mais les disciples ne sont pas toujours de l'avis des maîtres. C'est ainsi que Celse est de l'opinion de Cassius, tandis que Africain et Nératius adoptent celle de Prqculus. Aucun texte ne nous révèle l'avis de Papinien, mais nous voyons que ses deux disciples sont divisés sur ce sujet; tandis que Paul embrasse la doctrine de Proculus, Ulpien se range à celle de Cassius. Enfin dans le Code, plusieurs constitutions de Dioclétien et Maximien semblent donner raison à ce dernier système. Il est vrai que ces textes ne sont pas absolument concluants. Ainsi dans la loi 5, au Code, liv. VII, tit. XXXIII, le mot *error* doit être entendu, je crois, dans ce sens que celui qui n'a que la bonne foi sans juste titre ne peut invoquer la prescription de long temps. S'il en était autrement, s'il s'agissait d'une question tant débattue entre les jurisconsultes, nous dirait-on que cette solution est évidente, *evidentissimi juris?*

Dans la loi 24, au Code, liv. III, tit. XXXII, il est bien dit que l'on ne peut usucaper sans juste titre, mais il n'est nullement question du titre putatif.

Dans la loi 22, tit. XXXVI, du même livre, je crois que le mot *error* signifie encore non la croyance à un juste titre mais l'erreur de fait constituant la bonne foi.

La loi 3, liv. VII, tit. XXVII, au Code, parle, il
est vrai, du titre putatif, mais elle me semble contraire à l'opinion de ceux qui croient que l'erreur
sur le titre ne peut jamais servir de base à l'usucapion. Elle commence en effet par nous dire que personne ne peut rendre vaine une donation parfaite :
« irritam facere donationem perfectam nemini licet. » Et elle ajoute : « utique hoc verum est, si error falsæ causæ ratione bonæ fidei non defenditur.»
Cela ne veut-il pas dire que l'erreur sur la cause doit
être motivée par une raison de bonne foi, c'est-
à-dire doit être plausible? Il est donc difficile de
soutenir que la doctrine du titre putatif a été formellement abrogée par Dioclétien. Il est vrai que les
Institutes tendent à faire croire que cette doctrine
n'existait plus du temps de Justinien. Il n'y est
question en effet d'aucune distinction entre l'erreur
excusable et celle qui ne l'est pas : « error falsæ causæ
usucapionem non parit » (1).

Peut-on trouver là une abrogation formelle de
l'ancienne distinction? C'est une question qu'il est
difficile de résoudre affirmativement, car alors il
faudrait admettre antinomie complète entre le Digeste et le Code d'une part et les Institutes de l'autre.
Peut-être pourrait-on arriver à une solution en en-
visageant le but dans lequel les Institutes furent
composées. On sait que c'était un recueil élémentaire
destiné aux jeunes étudiants de l'époque, n'est-il

____

(1) Instit., liv. II, tit. VI, § 11.

pas permis de supposer que Justinien, pour ne pas charger leur esprit *rudem adhuc et infirmum*, n'ait pas voulu entrer dans les détails de la question et se soit contenté d'énoncer le principe général sans parler des exceptions qui, ainsi que nous allons le voir, étaient plutôt des questions de fait que des questions de droit et pouvaient difficilement se ramener à des règles uniformes.

48. Nous allons maintenant examiner les différentes espèces d'erreurs qui peuvent être déclarées excusables :

1° L'erreur porte sur le fait d'autrui ; par exemple je crois à tort que mon esclave ou celui à qui j'ai succédé a acheté un objet (1).

2° Le titre générateur du droit est valable, mais ne peut pas produire son effet. Par exemple, un legs *per vindicationem* a été fait à mon profit et le testament a été révoqué par un codicille que j'ignore : je pourrai usucaper la chose léguée (2).

3° J'ai acquis d'une personne incapable que je crois capable. Ainsi Proculus admet (3) que si une esclave donne une somme en dot a un homme qui la croit libre, celui-ci ne deviendra pas propriétaire de la somme mais pourra l'usucaper. Il en est de même si j'achète et que je reçoive en tradition d'un fou ou d'un impubère ignorant sa folie ou son im-

____

(1) Dig , liv. XLI, tit. X, loi 5, § 1.
(2) Dig., liv. XLI, tit. VIII, loi 4.
(3) Dig., liv. XXIII, tit. III, loi 7.

puberté (1). Dans toutes ces hypothèses, c'est l'usucapion *pro suo* qui a lieu. Il y a un cas où l'usucapion a lieu *pro herede*. C'est le cas où un héritier se met en possession d'une chose qu'il croit faire partie de l'hérédité et qui n'en fait pas partie (2). En général, le juste titre émane *a non domino* et l'usucapion court contre le véritable propriétaire. Il y a un cas où elle court contre le représentant de celui de qui émane le titre, c'est dans le cas de legs révoqué.

§ 2. *De la bonne foi.*

49. Outre le juste titre, il faut que le possesseur ait la bonne foi. Qu'est-ce que la bonne foi? C'est la croyance que celui duquel on tient la chose ou celui auquel on succède était propriétaire ou avait pouvoir du propriétaire pour aliéner (3). Mais il faut qu'il y ait erreur de fait et non erreur de droit. Paul, dans la loi 2, paragraphe 15, liv. XLI, tit. IV déjà citée, exprime bien cette différence. « Si a pupillo emero sine tutoris auctoritate, quem puberem esse putem, dicimus usucapionem sequi...; quod si pupillum esse putes tamen pupillis res suas sine tutoris auctoritate administrare, non capies usu. »

50. A quel moment la bonne foi est-elle requise

(1) Dig., liv. XLI, tit. IV, loi 2, §§ 15 et 16.
(2) Dig., liv. XLI, tit. V, loi 3.
(3) Dig., liv. L, tit. XVI, loi 109.

chez le possesseur? C'est, en général, au moment où la possession commence. Ceci est discuté pour la vente. D'après Paul, la bonne foi devrait exister au moment de la vente et au moment de la tradition : « Scilicet quia in cœteris contractibus sufficit traditionis tempus : sic denique si sciens stipuler rem alienam usucapiam si cum traditur mihi existimem illius esse : at in emptione et illud tempus inspicitur quo contrahitur ; igitur et bona fide emisse debet et possessionem bona fide adeptus esse » (1).

Ceci est encore confirmé par la loi 7, § 17, liv. VI, tit. II : « Julianus libro septimo Digestorum scripsit, traditionem rei emptæ oportere bona fide fieri, ideoque si, sciens alienam, possessionem adprehendit, Publiciana eum experiri non posse, quia usucapere non poterit. » Il est vrai qu'on pourrait trouver cette loi en contradiction avec la loi 10 princ. livre XLI, tit. III : « si aliena res bona fide empta sit, quæritur ut usucapio currat, utrum emptionis initium, ut bonam fidem habeat, exigimus, an traditionis? Et obtinuit Sabini et Cassii sententia, traditionis initium spectantium. » Mais Cujas a expliqué que cette loi devait être entendue en ce sens que l'on considérait non-seulement le moment de la vente, mais encore celui de la tradition, car les Proculéiens pensaient que la bonne foi au moment de la vente suffisait.

51. Il n'est pas nécessaire que la bonne foi existe

______

(1) Dig., liv. XLI, tit. IV, loi 2, princip.

pendant tout le temps de la possession, il suffit qu'elle ait existé au commencement. C'est ce qui résulte de la loi 48, § 1, liv. XLI, tit. I : « in contrarium quæritur, si eo tempore quo mihi res traditur, putem vendentis esse, deinde cognovero alienam esse, quia perseverat per longum tempus capio an fructus meos faciam ? Pomponius verendum ne non sit bonæ fidei possessor, quamvis capiat, hoc enim ad jus id est capionem, illud ad factum pertinere, ut si quis bona aut mala fide possideat. Nec contrarium est, quod longum tempus currit, nam e contrario is, qui non potest capere propter rei vitium, fructus suos facit. » Cela résulte également de la loi 4, § 18, livre XLI, tit. III : « si antequam pariat, alienam esse rescierit emptor, diximus, non posse eum usucapere, quod si nescierit, posse. Quod si, cum jam usucaperet, cognoverit alienum esse, initium usucapionis intueri debemus, sicut in emptis rebus placuit. »

Il est vrai que la loi 11, § 3, liv. VI, tit. II, semble faire croire qu'il y aurait une distinction à faire entre les choses acquises à titre gratuit et celles acquises à titre onéreux : « interdum tamen licet furtiva mater distracta non sit, sed donata ignoranti mihi, et apud me conceperit et pepererit, competit mihi in parta Publiciana, ut Julianus ait, si modo eo tempore quo experiar, furtivum matrem ignorem. » Mais cela tient à la question de savoir si le part d'une esclave volée peut être usucapé, question que nous examinerons plus bas. Nous croyons donc que, dans tous les cas, il suffisait que la bonne foi eût existé au commencement de la possession.

Du reste, cela ne faisait plus de doute sous Justinien.

Cette règle a été ainsi formulée par les interprètes: « Mala fides superveniens non impedit usucapionem. » Cette décision repoussée par le droit canonique est passée dans notre droit moderne.

52. Il y avait des cas où la bonne foi n'était pas exigée pour l'usucapion. Cela se rencontre dans plusieurs hypothèses et particulièrement dans l'usucapion *pro herede*. Nous avons déjà vu un sens de ces mots, il y en avait un autre qui n'a été réellement connu que depuis la découverte des Institutes de Gaius (1). On suppose une personne décédée et l'hérédité n'a pas encore été acceptée. Si cette situation se prolonge, elle aura de graves inconvénients : Les intérêts des créanciers seront compromis, puis il y a une autre considération qui avait encore plus d'importance aux yeux des anciens Romains, les *sacra* du défunt se trouveront abandonnés (2). Pour forcer l'héritier à prendre promptement un parti on avait admis que tout citoyen romain ayant la *testamenti factio* avec le défunt pourrait s'emparer de l'hérédité et en devenir propriétaire après l'avoir possédée pendant un an, sans distinction entre les meubles et les immeubles. Cela tenait au texte de la loi des Douze Tables, ainsi que nous l'apprend Gaius : « Lex enim duodecim tabularum soli quidem res biennio usu-

(1) Inst., Gaius, Comment., II, § 52.
(2) Inst., Gaius, Comment., II, § 55.

capi jussit, cæteras vero anno. Ergo hereditas in cæteris rebus videbatur esse, quia soli non est, quia neque corporalis est, quamvis postea creditum si tipsas hereditates usucapi non posse, tamen in omnibus rebus hereditariis, etiam quæ solo teneantur, annua usucapio remansit » (1). On voit par ce passage qu'après avoir admis l'usucapion de l'hérédité tout entière, on n'admit plus que l'usucapion particulière des biens faisant partie de l'hérédité. Le temps était le même que pour l'usucapion des autres meubles, mais il était dérogé aux principes en ce que la bonne foi n'était pas exigée. Ceci fit qualifier cette usucapion d'*improba usucapio*, *lucrativa usucapio* et la fit tomber en discrédit. Les premiers coups lui furent portés par un sénatus-consulte rendu sous Adrien qui décida que cette usucapion n'empêcherait pas l'héritier qui intenterait la *petitio hereditatis* de revendiquer les biens héréditaires (2). Marc-Aurèle alla plus loin en punissant celui qui s'était ainsi emparé de l'hérédité (3). C'est le *crimen expillatæ hereditatis*. A partir de ce moment l'usucapion *pro herede* a dû disparaître et elle n'existe plus dans la législation de Justinien. Mais la découverte des passages de Gaius cités plus haut nous donne la clef d'un texte du Digeste (4), où il est dit que personne ne peut se changer à soi-même le titre de sa posses-

_____

(1) Inst., II, § 54.
(2) Inst., Gaius II, § 57.
(3) Dig., liv. XLVII, tit. IX, loi 1.
(4) Dig., liv. XLI, tit. V, loi 2, § 1.

sion et qu'un colon, un dépositaire, un commodataire ne peuvent *lucrifaciendi causapro herede usucapere*. Cela ne pouvait se comprendre dans la législation de Justinien qui exige la bonne foi.

CHAPITRE II

CONDITIONS RELATIVES AUX CHOSES

53. Nous allons maintenant nous occuper des conditions de l'usucapion relativement aux choses que l'on peut usucaper.

Il est d'abord évident que l'usucapion ne peut pas s'appliquer aux choses *extra commercium* qui ne sont pas susceptibles de propriété particulière, à celles que Justinien appelle au paragraphe 7 (livre II, tit. I) *res nullius*: « Veluti si quis liberum hominem, vel rem sacram vel religiosam, vel servum fugitivum possideat » (1). Gaius en donne une énumération plus large et plus complète : « usucapionem recipiunt maxime res corporales, exceptis rebus sacris, sanctis, publicis populi romani et civitatum, item liberis hominibus » (2).

54. Il est probable qu'à l'origine on ne distingua pas entre les biens que les cités possèdaient *ut universitates* et qui n'étaient pas susceptibles de propriété

(1) Instit., liv. II, tit. VI, § 1.
(2) Dig., liv. XLI, tit. III, loi 9.

particulière et ceux qu'elles possédaient *ut singuli* et que ni les uns ni les autres ne pouvaient être usucapés. Mais plus tard la règle se modifia et la loi 1, Code, liv. VII, tit. XXXIII, que nous avons déjà citée, nous apprend que la prescription de long temps courait contre la République : « quod etiam in Republica servari oportet. » Ceci ne peut s'appliquer évidemment qu'aux choses susceptibles de propriété privée. Mais nous croyons que, quant à ces choses, l'usucapion, sous Justinien, courait contre les cités.

55. Pour le fisc, l'ancienne règle avait subsisté : « res fisci nostri usucapi non potest » (1).

Cette exception avait été étendue à *l'ærarium* ou trésor public. Avec le temps, les empereurs confondirent leur trésor particulier avec *l'ærarium*. L'exception fut ensuite étendue aux biens patrimoniaux de l'empereur.

56. Enfin certains vices de la chose l'empêchent de pouvoir être usucapée, c'est lorsque la chose a été volée. Ici nous avons tout à fait des règles spéciales aux meubles, car ceux-ci sont seuls susceptibles d'être volés, telle est du moins l'opinion des Proculéiens qui a prévalu, car les Sabiniens pensaient que le vol pouvait s'appliquer également au sol et aux édifices.

57. Cette règle remonte à la loi des Douze Tables : « Furtivæ rei æterna auctoritas esto. » Ce principe fut renouvelé par la *lex Atinia* où *Atilia*. On n'est bien fixé ni sur la date ni sur la portée de cette loi. Ce-

(1) Inst., liv. II, tit. VI, § 9.

pendant il paraît résulter d'une dissertation d'Aulu-Gelle (1) qu'elle fut rendue au sixième siècle et l'on croit que ce fut en 556. Il est certain que cette loi ajoutait quelque chose à la loi des Douze Tables, car Aulu-Gelle nous apprend dans le même passage que les anciens Romains discutaient si la loi Atinia devait seulement s'appliquer aux vols commis après sa promulgation ou devait avoir un effet rétroactif. C'est donc qu'elle contenait une innovation, quelle en était la portée? C'est là-dessus que les jurisconsultes ne sont pas d'accord. Jacques Godefroy, dans ses notes sur la loi des Douze Tables argumentant de la différence entre les textes, croit que la loi des Douze Tables ne s'appliquait qu'aux *res furtivæ*, tandis que la loi Atinia concernait les *res subreptæ*. Cette distinction subtile est de plus contraire au passage d'Aulu-Gelle où il dit que l'on doutait « utrum ne in post facta modo furta lex valeret an etiam in antefacta? »

Heineccius et Pothier pensent que la loi des Douze Tables n'exigeait pas la bonne foi en général pour l'usucapion et que dans le cas dont nous nous occupons le texte ne s'appliquait qu'au voleur, tandis que la loi Atinia s'appliquait même aux tiers de bonne foi. Cette opinion ne nous semble reposer que sur des conjectures.

Enfin Vinnius (2) et Cujas (3) pensent que la loi

(1) *Nuits attiques*, liv, XVII, cap. VII.
(2) Instit., titr. des Usucap., § 2.
(3) Instit., liv. II, tit. VI, Scholia.

Atinia a permis d'insérer dans la formule l'exception « nisi in potestatem domini res reversa sit ».
Nous croyons que cette opinion est fondée. Pothier
objecte il est vrai que la raison seule suffit à établir
qu'une chose qui est revenue en la possession de son
maître n'est plus une chose volée. Mais il me semble qu'ici Pothier a raisonné plutôt avec le bon sens
d'un Français du dix-huitième siècle qu'avec la sub-
tilité d'un Romain. Ceux-ci n'étaient pas hommes
en effet à ajouter au texte de la loi et comme elle
était muette sur ce point, des doutes avaient dû s'é-
lever. C'est probablement pour lever ces doutes que
fut rendue la loi Atinia. Cette opinion est non-seulement conforme au texte d'Aulu-Gelle ; mais elle est
encore confirmée par la loi 4, §6 au Digeste, liv. XLI,
tit. III : « quod dicit lex Atinia, ut res furtiva non
usucapiatur, *nisi in potestatem ejus qui subrepta est
revertatur*, etc. » Cela résulte également d'une autre
loi appartenant aussi à Paul : « In lege Atinia in
potestatem domini rem furtivam venisse videri, et
si ejus vindicandæ potestatem habuerit Sabinus et
Cassius aiunt » (1). Il est donc évident d'après ces
deux textes que la loi Atinia contenait ces mots :
« Nisi in potestatem domini res furtiva reversa sit ».

Or autant que l'on a pu reconstituer la loi des
Douze Tables, on ne les y trouve pas ; donc on peut
croire que l'innovation apportée par la loi Atinia
consistait précisément dans leur addition. Nous reviendrons plus tard sur ce texte.

(1) Dig., liv. L, tit. XVI, loi 215, *in fine.*

58. Quoi qu'il en soit, voici quels étaient les principes du droit romain à cet égard : le mot *furtum* avait un sens plus étendu que l'expression moderne *vol*, il s'appliquait aussi à ce que nous appelons aujourd'hui abus de confiance, car celui qui vend la chose d'autrui ou la livre pour tout autre motif : « furtum ejus committit. » Nous en voyons une application curieuse au tuteur qui a vendu les biens de son pupille. Cela peut paraître singulier, car le tuteur représente le pupille, mais Julien nous en donne la raison dans la loi 7, § 3, liv. XLI, tit IV, que nous avons déjà citée (n° 9).

Lorsqu'un homme sous puissance détourne une chose appartenant à son maître, le *furtum* n'a lieu que s'il y a tradition de la chose à une personne étrangère et s'il y a intention frauduleuse, c'est-à-dire si l'aliénateur sait que la chose ne lui appartient pas. Exemple : un esclave qui fait tradition d'une chose faisant partie de son pécule (1).

59. Que faut-il décider pour le produit d'une chose volée, par exemple pour la laine provenant d'un mouton volé? Il faut distinguer si la tonte a eu lieu chez le voleur ou chez le possesseur de bonne foi. Si elle a eu lieu chez le voleur, il est évident qu'il ne peut y avoir lieu à usucapion, car il n'y a pas bonne foi. C'est ce que nous dit la loi 4, § 19, liv. XLI, tit. III : « Lana ovium furtivarum, si quidem apud furem detonsa est, usucapi non potest. » Si au con-

____

(1) Dig., liv. XLVII, tit. II, loi 56, § 3.

traire, les moutons sont tondus chez le possesseur
de bonne foi, que décidera-t-on? Ici encore, il n'y aura
pas usucapion, mais c'est par un autre motif : c'est
parce qu'elle n'est pas nécessaire, la laine devenant
immédiatement la propriété du possesseur de bonne
foi ; c'est ce que nous dit encore la même loi : « Si
vero apud bonæ fidei emptorem, contra, quoniam
in fructu est, nec usucapi debet, sed statim emptoris fit. » Cette loi nous apprend également que la
même solution doit être adoptée pour les petits des
animaux : « idem in agnis dicendum, si consumpti
sint, quod verum est. »

Quant au part des esclaves, la question est plus
délicate. Les anciens, qui traitaient presque toujours
les esclaves comme des animaux avaient eu cependant
quelques scrupules et ils avaient fini par décider que
le part de l'esclave ne pouvait être un fruit : « neque
enim in fructu hominis homo esse potest » (1). Il en
résulte que l'on appliquera les mêmes règles aux
petits des animaux et des esclaves, si la conception
et la naissance ont eu lieu chez le possesseur de bonne
foi : alors l'usucapion pourra avoir lieu. Les mêmes
règles seront encore applicables si la conception a eu
lieu chez le voleur, que la naissance ait eu lieu chez
lui ou chez le possesseur de bonne foi, l'usucapion
ne pourra avoir lieu, c'est ce que nous dit la loi 48,
§ 5, liv. XLVII, tit. II : « ancilla si subripiatur præ-
gnans, vel apud furem concepit, partus furtivus est,

(1) Dig., liv. VII, tit. I, loi 68, princ.

sive apud furem edatur sive apud bonæ fidei possessorem, sed in hoc posteriore casu furti actio cessat ;
sed si concepit apud bonæ fidei possessorem ibique
pepererit eveniet, ut partus furtivus non sit, verum
etiam usucapi possit. Idem et in pecudibus servandum est et in fœtu eorum, quam in partu ».

Mais il y a une différence si la conception a eu lieu
chez le voleur ou chez le propriétaire avant le vol
et la naissance chez le possesseur de bonne foi. Le croît
des animaux étant considéré comme un fruit, devenait immédiatement la propriété du possesseur de
bonne foi et n'avait pas besoin d'être usucapé, mais
il pouvait l'être par un autre, tandis que le part de
l'esclave ne le pouvait pas. C'est ce qui explique la
prétendue contradiction qu'on pourrait trouver entre le texte que nous venons de citer et la loi 48,
§ 2, liv. XLI, tit. I : « et ovium fœtus in fructu sunt,
et ideo ad bonæ fidei emptorem pertinent, etiam si
prægnantes venierint, vel subreptæ sint. »

Après nous être occupé des produits naturels de
la chose volée, occupons-nous de ses produits artificiels, par exemple un vêtement a été confectionné
avec de la laine volée. Si ce vêtement est l'œuvre
du voleur, il ne peut être usucapé : « si ex lana furtiva vestimentum feceris : verius est ut substantiam
spectemus et ideo vestis furtiva erit » (1). On considérait, en effet, que si quelqu'un de mauvaise foi faisait un ouvrage avec la matière qui appartenait à

____

(1) Dig., liv. XLI, tit. III, loi 4, § 20.

autrui, cette matière ne perdait pas son caractère : « si. quis ex uvis meis mustum fecerit, vel ex olivis oleum, vel ex lana vestimenta, cum sciret hæc aliena esse, utriusque nomine ad exhibendum actione tenebitur, quia quod ex re nostra fit, nostrum esse, verius est » (1). Il en est autrement si le vêtement est confectionné par l'acheteur de bonne foi, car on considère qu'il y a alors une chose nouvelle qui peut être usucapé : « sed si meis tabulis navem fecisses, tuam navem esse, quia cupressus non maneret, sicut ex lana vestimento facto, sed cupresseùm aut laneum corpus fieret » (2).

C'est probablement pour la même raison que le prix provenant de la chose volée n'est pas considéré comme furtif : « quod enim ex re furtiva redigitur, furtivum non esse, nemini dubium est : nummus ergo hic qui redactus est ex pretio rei furtivæ non est furtivus » (3).

60. De tout ce que nous venons de dire il semble résulter que l'usucapion ne pourra jamais avoir lieu pour les meubles. Cependant cela pourra arriver quelquefois. Les Institutes en citent deux cas : c'est d'abord celui d'un héritier qui trouve dans la succession une chose qu'il croit en faire partie et qui la vend ou la donne. *L'accipiens* pourra usucaper, car « heres, qui bona fide tanquam suam alienaverit,

(1) Dig., liv. X, tit. IV, loi 12, § 3.
(2) Dig., liv. XLI, tit. I, loi 26, princ.
(3) Dig., liv. XLVII, tit. II, loi 48, § 7.

furtum non committit. » Le second cas est celui où l'usufruitier d'une esclave a vendu le part de celle-ci croyant qu'il lui appartenait (1). Ce ne sont là que des exemples, ainsi que nous dit le § 5 des Institutes. On peut encore citer le cas de quelqu'un qui par erreur se croit appelé à une hérédité et vend un meuble de l'hérédité; de même celui d'un mandataire qui, ignorant la cessation de son mandat, livre une chose qu'il avait pouvoir d'aliéner. On peut formuler la règle d'une manière générale en disant que l'usucapion pourra avoir lieu quand l'aliénateur sera de bonne foi.

Nous venons de voir quand il y avait vol. Examinons maintenant quand le vice du vol se trouve purgé. Nous avons vu plus haut que d'après la loi Atinia, c'est lorsque la chose est revenue entre les mains de son maître et la loi 4, paragraphe 6 à notre titre, nous apprend qu'il faut que ce soit entre les mains du véritable propriétaire et non *in ejus cui subreptum est*. Là même loi ajoute pour expliquer ces expressions : « igitur creditori subrepta, et ei cui commodata est, in potestatem domini redire debet. »

Il s'agit ici d'une espèce assez singulière : c'est le vol de sa propre chose par le propriétaire. Un débiteur a remis une chose en gage à son créancier et la lui dérobe. S'il vend la chose, l'acheteur de bonne foi pourra-t-il usucaper? Les Proculéiens appliquant

<hr>

(1) Instit. liv. II, tit. VI, §§ 4 et 5.

les principes dans toute leur rigueur, disaient non,
les Sabiniens disaient oui et nous voyons par le §21
de la même loi et par la loi 5, au même titre que
cette opinion avait été adoptée par Paul et par Modestin. Il est probable que ces jurisconsultes avaient
été touchés par la situation de l'acheteur de bonne
foi, qui, en effet, dans ce cas, est tout particulièrement digne d'intérêt, car il a acheté de celui qui na-
guère encore était propriétaire, et dans l'ignorance
du changement qui s'est opéré dans les droits de
celui-ci. Mais l'autre opinion prévalut, car nous la
voyons consacrée par un rescrit de l'empereur Phi-
lippe (1). Quant à la distinction faite par Pothier,
entre le cas où la chose était entre les mains du
créancier et celle où le débiteur la détenait à titre de
location, par exemple, outre qu'elle est excessivement subtile, elle ne nous paraît pas résulter suffisamment des textes précités.

61. Il n'est pas nécessaire que la chose revienne
entre les mains du maître lui-même, il suffit qu'elle
soit entre les mains de son représentant légal, de
son tuteur ou de son mandataire.

Pour que la chose soit considérée comme étant
revenue entre les mains de son propriétaire, il faut
que celui-ci connaisse la soustraction, car s'il achète
la chose, ignorant le délit qui a été commis, on ne
peut pas dire que la chose est revenue en sa possession. Il est cependant un cas où cette connaissance

(1) Code liv. VII, tit. XXVI, loi 6.

du délit n'est pas nécessaire, c'est lorsque le dépositaire infidèle qui a vendu la chose la rachète.

62. Nous avons vu plus haut dans la loi 215, liv. L, § 16 qu'il suffisait que le propriétaire eût pu revendiquer la chose. Ainsi si le voleur achète la chose du véritable propriétaire et qu'il considère la tradition comme faite, il possédera *pro suo* et pourra usucaper (1).

63. A côté des choses volées, il faut placer comme ne pouvant être usucapées les choses données aux proconsuls ou aux préteurs contrairement à la loi sur les concussions, *lex Julia repetundarum* (2). Les règles sont les mêmes que pour les choses volées, mais elles peuvent s'appliquer aux immeubles aussi bien qu'aux meubles. De même que pour le vol la prohibition concerne non-seulement le magistrat, mais encore l'acquéreur de bonne foi (3). De même le vice sera purgé si la chose revient entre les mains du donateur. Ces règles s'appliquaient non-seulement aux donations proprement dites, mais encore à celles déguisées sous la forme de vente ou autres contrats.

64. Enfin il y avait un cas où le vice tenant au vol ou à la concussion se trouvait purgé, c'est celui où la chose était vendue par le fisc. Cette exception ne fut introduite que sous Marc-Aurèle : « edicto divi Marci cavetur, eum qui à fisco rem alienam emit, si

---

(1) Dig., liv. XLI, tit. III, loi 32.
(2) Dig., liv. XLVIII, tit. XI, loi 8, princip.
(3) Dig., liv. XLI, tit. I, loi 48, princip., *in fine.*

post venditionem quinquiennum præterierit, posse dominum rei per exceptionem repellere » (1). Zénon alla plus loin, en déclarant que les acquéreurs du fisc ne pourraient jamais être inquiétés par les précédents propriétaires de la chose. Justinien étendit cette règle aux choses aliénées par lui ou par l'impératrice, mais l'action subsiste contre le Trésor pendant quatre ans (2).

CHAPITRE III

CONDITIONS RELATIVES AU TEMPS

65. Outre les conditions que nous venons d'énumérer, il faut encore pour pouvoir usucaper, un certain délai qui a varié suivant les époques. Nous avons vu que d'après la loi des Douze Tables, le temps nécessaire pour l'usucapion des meubles était d'un an et que pour la prescription, il fallait dix ans entre présents et vingt ans entre absents. Justinien introduisit une nouvelle règle et fixa le temps pour l'usucapion des meubles à trois ans.

Il y a un cas assez curieux, c'est celui où une maison a été démolie : les matériaux qui en pro-

(1) Instit., liv. II, tit. VI, § 14.
(2) Code, liv. VII, tit. XXXVII.

viennent sont évidemment meubles et peuvent être usucapés, mais on ne peut se prévaloir du temps pendant lequel on a possédé la maison, car une même chose ne peut à la fois être considérée comme meuble et comme immeuble (1).

66. Comment se calcule le temps requis pour l'usucapion ou la prescription, car ici il n'y a aucune différence? « in usucapionibus non a momento ad momentum, sed totum postremum diem computamus » (2), nous dit Ulpien. Ainsi l'usucapion commencée à la sixième heure du jour (midi) des Kalendes de janvier (1er janvier) est accomplie à la sixième heure de la nuit (minuit), la veille des Kalendes de janvier (31 décembre).

Aulu-Gelle (3) en cite un curieux exemple : les anciens Romains, comme tous les peuples primitifs, n'avaient pas pour la femme le respect qu'on ne trouve que dans les sociétés modernes. Pour eux, c'était une chose mobilière comme les autres et qui pouvait être acquise par les mêmes moyens. Si donc la femme était restée un an dans la maison de son mari *causa matrimonii*, elle était *in manu* de celui-ci. Toutefois on avait jugé bon d'apporter un tempérament à cette règle et la femme pouvait interrompre cette usucapion en découchant pendant trois nuits entières. Aulu-Gelle nous apprend que Quintus Mu-

(1) Dig., liv. XLI, tit. III, loi 23, § 2.
(2) Dig., liv. XLI, tit. III, loi 6.
(3) *Nuits attiques*, liv. III, cap. II.

cius Scævola décidait que la femme qui s'était mariée le 1ᵉʳ janvier et qui s'en allait le 29 décembre suivant *ante diem quartum Kalendas januarias sequentis*, n'avait pas interrompu l'usucapion, *non esse usurpatam*, parce que le temps nécessaire pour cette interruption n'existait plus, *non enim posse impleri trinoctium quod abesse a viro usurpandi causa ex duodecim tabulis deberet quoniam tertiæ noctis posteriores sex horæ alterius anni essent, qui inciperet ex Kalendis.*

67. Pendant tout le temps nécessaire à l'usucapion la possession ne doit pas être interrompue « in usucapionibus mobilium continuum tempus numeratur » (1).

Toute cause qui interrompt la possession empêche donc l'usucapion de s'accomplir. On appelle cette interruption *usurpatio*, « usurpatio est usucapionis interruptio » (2). Ce qui est singulier c'est qu'en langage ordinaire, ce mot a un sens tout différent : « oratores usurpationcm frequentem usum vocant. »

68. Cette interruption a lieu à l'égard de tout le monde, c'est ce que nous dit Gaius. « Naturaliter interrumpitur possessio, cum quis de possessione vi dejicitur, vel alieni res eripitur, quo casu non adversus eum tantum qui eripit, interrumpitur possessio : sed adversus omnes » (3). Et peu importe que celui qui cause l'interruption soit ou non le véritable

(1) Dig., liv. XLI, tit. III, loi 31, § 1.
(2) Dig., liv. XLI, tit. III, loi 2.
(3) Dig., liv. XLI, tit. III, loi 5.

propriétaire « ne illud quidem interest, pro suo quisque possideat, an ex lucrativa causa, » ajoute Gaius.

69. Nous avons vu plus haut que la bonne foi était seulement exigée au début de l'usucapion, mais que si elle venait à cesser, l'usucapion n'était pas interrompue. Il fallait pour cela que la possession eût continué. Autrement, lorsque la possession avait été interrompue et qu'elle recommençait, il fallait qu'elle réunît les conditions exigées au début, « si quis bona fide possidens, ante usucapionem amissa possessione, cognoverit esse rem alienam, et iterum nanciscatur possessionem, non capiet usu, quia initium secundæ possessionis vitiosum est » (1).

Une particularité remarquable pouvait se rencontrer pour les meubles à cause de ce que nous avons dit sur l'interdit *utrubi*. De ce que cet interdit était qualifié *retinendæ possessionis*, nous avons conclu que celui qui se trouvait remis en possession de la chose était censé ne l'avoir jamais perdu. Il pouvait donc arriver que le véritable propriétaire succombât dans l'interdit *utrubi* et alors la possession était considérée comme n'ayant pas été interrompue. C'est peut-être ce résultat qui amena plus tard l'assimilation de l'interdit *utrubi* à l'interdit *uti possidetis* et fit donner l'interdit *utrubi* seulement au possesseur actuel du meuble. Dans tous les cas, ceci ne pouvait plus avoir lieu sous Justinien.

______

(1) Dig., liv. XLI, tit. III, loi 15, § 2.

70. On contestait la question de savoir si la fiction du *postliminium* pouvait faire considérer l'usucapion comme non interrompue (1). L'opinion qui semble avoir prévalu est que le *postliminium* ne s'appliquait pas alors et Javolenus en donne la raison : « neque enim possunt videri aliquid possidere, cum ipsi ab alio possideantur » (2).

71. A côté de cette interruption naturelle, faut-il placer l'interruption civile? Nous avons vu que la *litis-contestatio* n'interrompait pas l'usucapion et que, quant à la prescription, la question était controversée et nous avons décidé, conformément à l'opinion de Cujas, qu'elle était interrompue. Quel système Justinien a-t-il suivi, celui de l'usucapion ou celui de la prescription? Je crois que c'est celui de la prescription. On objecte, il est vrai, que Justinien a conservé le mot *usucapion* et que par cela seul on doit croire qu'il en a adopté les règles, je crois que cette raison n'est pas bien convaincante, car le titre du Code qui a opéré la fusion entre l'usacapion et la prescription est précisément intitulé : *de usucapione transformanda*, c'est donc qu'il y a eu des changements. Dans l'espèce, cette modification me paraît résulter notamment de la loi 2, au Code, liv. VII, tit. XL, dans laquelle il est dit que le propriétaire qui se trouve en présence d'un adversaire absent, enfant ou en démence, peut interrompre l'u-

(1) Dig., liv. XLIX, tit. XV, loi 12, § 2.
(2) Dig., liv. XLI, tit. II, loi 23, § 1.

sucapion en remettant un libelle de contestation au Président de la Province. On veut, il est vrai, tirer un argument *a contrario* de cette loi en disant qu'elle était inutile si la *litis-contestatio* interrompait en général l'usucapion. Je ne crois pas cet argument fondé, et je pense au contraire que le droit commun étant que l'usucapion était interrompue par la *litis-contestatio*, Justinien a voulu indiquer le moyen d'y suppléer dans des cas où elle ne pouvait avoir lieu par suite de circonstances tenant à la personne de l'adversaire. On oppose encore une phrase des Institutes : « ideoque si inter moras litis usucapta sit res a possessore, nihilominus condemnabitur » (1). Mais cette phrase incidente, dans un chapitre étranger à notre matière, ne saurait suffire pour trancher la question en présence des textes du Code. On peut ajouter que ce système est confirmé par la Novelle 119, ch. 7 : « qui vero putat easdem res competere sibi, hoc agnoscens intra decem annos inter præsentes et viginti inter absentes *non contestatus fuerit* secundum leges emptorem. » Nos adversaires nous répondent que c'est là une phrase incidente qui n'a pas grande valeur, mais il me semble qu'elle en a au moins autant que celle des Institutes précitée.

72. Quant aux causes de suspension, nous avons vu à quelles difficultés elles donnaient lieu dans l'ancien droit. Sous Justinien, tous les doutes se

______

(1) Inst., liv. IV, tit. XVII, § 3.

trouvent tranchés par la loi 5, au Code, liv. II, tit. XLI.

73. Nous allons examiner maintenant si l'on peut joindre sa possession à celle de son auteur et à quelles conditions on le peut. Il faut distinguer entre les successeurs à titre universel et les successeurs à titre particulier.

L'héritier peut se prévaloir de la possession du défunt, mais à de certaines conditions. Il faut d'abord que lui-même possède pendant un certain temps : « itaque si nostræ possessioni juncta alterius justa possessio exsuperat adversarii possessionem, nos eo interdicto vincimus nullam autem propriam possessionem habenti accessio temporis nec datur, nec dari potest, nam ei quod nullum est, nihil accedere potest » (1). Quoique Gaius ne s'occupe ici que de l'interdit *utrubi*, les termes qu'il emploie sont trop formels, pour qu'on puisse ne pas les appliquer à l'usucapion. Cela tenait à ce que l'héritier succédait seulement aux droits du défunt et que la possession était considérée comme un fait : « cum heredes instituti sumus, adita hereditate, omnia quidem jura ad nos transeunt : possessio tamen, nisi naturaliter comprehensa, ad nos non pertinet » (2). Cependant cette opinion avait été discutée, comme nous l'apprend Ulpien : « quæsitum est si heres prius non possiderat an testatoris possessio ei acce-

(1) Gaius, Inst. IV, § 151.
(2) Dig., liv. XLI, tit, II, loi 23, princ.

dat? Et quidem in emptoribus possessio interrumpitur, sed non idem in heredibus plerique probant : quoniam plenius est jus successionis, quam emptionis; sed subtilius est, quod in emptorem et in heredem id quoque probari » (1).

Il y avait un point sur lequel les conditions de l'*accessio possessionis* différaient pour l'interdit *utrubi* et pour l'usucapion. Nous avons vu, en effet, que, pour l'interdit, il suffisait que le testateur eût possédé à un certain moment sans qu'il fût besoin qu'il fût encore en possession au moment de sa mort. Il en était autrement pour l'usucapion. Il fallait que personne n'eût possédé depuis le temps où le défunt avait possédé jusqu'à l'adition d'hérédité: « possessio testatoris ita heredi procedit, si medio tempore a nullo possessa est » (2). Mais le temps qui s'écoule entre la mort et l'adition d'hérédité est compté : « vacuum tempus quod ante aditam hereditatem vel post aditam intercessit, ad usucapionem heredi procedit, » (3) et Javolenus nous en donne la raison : « heres et hereditas, tametsi duas appellationes recipiunt, unius personæ tamen vice funguntur » (4).

La possession de l'héritier prend tous les caractères de celle du défunt et pour qu'elle puisse conduire à l'usucapion, il faut que le défunt ait été de bonne

(1) Dig., liv. XLI, tit. II, loi 13, § 4.
(2) Dig., liv. XLI, tit. III, loi 20.
(3) Dig., liv. XLI, tit. III, loi 31, § 5.
(4) Dig., liv. XLI, tit. III, loi 22.

foi, sans qu'il y ait à s'occuper de la bonne ou de la mauvaise foi de l'héritier.

Il faut toutefois que la possession du défunt ait commencé, car autrement l'héritier étant de mauvaise foi ne pourra usucaper. C'est ce que nous dit la loi 43 à notre titre : « heres ejus qui bona fide rem emit, usu non capiet sciens alienam, si modo ipsi possessio tradita sit : continuatione vero non impedietur heredis scientia. » Réciproquement il suffit que la possession soit vicieuse dans la personne du défunt pour que l'héritier ne puisse usucaper (1).

Cependant il faut que le vice tienne à la personne du défunt et non à la chose, car nous avons vu qu'un héritier pouvait usucaper une chose volée qu'il trouvait dans la succession. Ceci ne s'applique aussi que pour les choses acquises par l'héritier à titre héréditaire et non pour celles acquises à tout autre titre.

Tel est le droit de Justinien, mais il semble résulter du § 12 des Institutes à notre titre que ces règles n'étaient applicables qu'à la prescription et qu'elles furent étendues par Justinien à l'usucapion. Cette hypothèse est démentie par un texte de Papinien (2).

74. Occupons-nous maintenant des successeurs à titre particulier. Ils peuvent aussi se servir de la possession de leurs auteurs. On pourrait croire d'après le § 13 des Institutes que cette règle fut éta-

---

(1) Code, liv. VII, tit. 29, loi 4, Dig., liv. XLIV, tit. III, loi 11.
(2) Dig., liv. XLI, tit. III, loi 43.

blie par les empereurs Septime Sévère et Antonin Caracalla, mais il résulte d'un fragment du Digeste attribué à Javolenus (1) qui vivait sous Trajan, c'est-à-dire environ un siècle auparavant que ces empereurs ne firent que consacrer une règle déjà existante.

75. Il y a une différence entre les successeurs à titre universel et ceux à titre particulier, c'est que si ces derniers sont de mauvaise foi, ils ne pourront usucaper quoique leur auteur fût de bonne foi : « præterea ne vitiosæ quidem possessioni ulla potest accedere ; sed ne vitiosa ei quæ vitiosa non est » (2). De même si le précédent propriétaire était de mauvaise foi et que le nouveau fût de bonne foi, celui-ci pourra usucaper : « dolum auctoris bonæ fidei emptori non nocere certi juris est » (3).

Il faut que la possession ait commencé en la personne de l'auteur avant qu'il fût auteur. Ainsi le vendeur devait être en possession avant la vente (4).

On compte non-seulement le temps pendant lequel mon auteur a possédé, mais le temps de possession de celui de qui il tient la chose.

---

(1) Dig., liv. XLI, tit. III, loi 19.
(2) Dig., liv. XLI, tit. II, loi 13, § 13.
(3) Code, liv. IV, tit. XLVIII, loi 3.
(4) Dig., liv. XLI, tit. III, loi 14, princip.

DEUXIÈME PARTIE

EFFETS DE L'USUCAPION

76. Nous allons maintenant examiner les effets de l'usucapion.

L'usucapion donne la propriété légitime de la chose, comme si elle avait été acquise par tout autre mode, ainsi que l'attestent ces vers d'Horace :

> Si proprium est quod quis libra mercatur et ære,
> Quædam, consultis si credas, mancipat usus.

77. Nous avons vu primitivement que l'usucapion ne détruisait pas les droits que des tiers pouvaient avoir sur la chose, tandis que la prescription avait lieu à l'égard de tous. Quel système Justinien a-t-il suivi ? Nous avons déjà décidé dans une autre question qu'il avait adopté les règles de la prescription, nous croyons qu'il faut encore ici donner la même solution. Il faut en effet observer l'ordre des réformes opérées par Justinien, qui n'a pas procédé tout d'un coup mais par gradation. En 528 il promulgue une constitution (1) dans laquelle il s'occupe spéciale-ment de la *præscriptio longi temporis*. Il décide que celui qui aura le temps requis pour cette prescrip-tion et qui sera dépossédé aura l'action en revendi-

(1) Code, liv. VII, tit. XXXIX, loi 8.

cation. Il déclare en même temps que la prescription produira effet contre les tiers qui ont des droits réels sur la chose. Ainsi la prescription n'est dépouillée d'aucun de ses avantages.

Trois ans après, en 531, Justinien donne une autre constitution (1) dans laquelle reconnaissant que l'usucapion et la prescription conduisaient au même résultat, il les réunit en une seule institution.

Cette réforme, suivant nous, n'est que le complément de la première, nous espérons avoir suffisamment réfuté plus haut l'argument qui se fonde sur la conservation du mot usucapion et démontré que Justinien y avait nécessairement apporté des modifications. Nous ne pouvons pas croire qu'après avoir reconnu en 528 qu'il était nécessaire de conserver à la prescription tous ses avantages, Justinien ait voulu en 531 les enlever à l'institution qu'il conserve et qui, quoi qu'on dise, n'a conservé de l'ancienne usucapion que le nom. Nous croyons donc qu'il faut décider que l'usucapion produira son effet tant à l'égard du propriétaire que des tiers ayant un droit réel sur la chose. Seulement il peut arriver que les deux droits ne soient pas éteints en même temps. C'est ce qui arrivera si le propriétaire est présent et le créancier absent ou réciproquement (2).

77. Enfin celui qui est devenu propriétaire par l'accomplissement de l'usucapion est toujours l'ayant

(1) Code, liv. VII, tit. XXXI, loi 1.
(2) Code, liv. VII, tit. XXXVI, loi 2.

cause du *non-dominus* qui lui a transmis la chose. D'où les conséquences suivantes :

1° Celui qui a usucapé *pro emptore* est tenu de payer le prix que jusque-là il pouvait refuser (1).

2° Celui qui a usucapé *pro donato* reste soumis aux charges et conditions imposées à la donation (2).

3° Celui qui a usucapé à titre d'échange *pro soluto*, doit donner à celui qui a traité avec lui l'objet échangé et qu'il pouvait refuser jusque-là (3).

78. Voici donc en résumé l'état du droit sous Justinien : l'usucapion est suspendue par la *litis-contestatio*, elle ne court pas contre les mineurs ni contre les absents. Elle n'a pas lieu à l'égard des choses volées. Celui qui les achète de bonne foi est toujours exposé à la revendication. Nous verrons en étudiant le droit moderne que ces règles ont été modifiées, que l'on peut acquérir ces choses par un certain laps de temps et que même dans certains cas le propriétaire dépossédé ne peut triompher dans sa revendication qu'en indemnisant le possesseur de bonne foi. C'est qu'il y a là deux intérêts à concilier : celui du propriétaire dépossédé et celui du tiers acquéreur de bonne foi. Les législateurs n'ont pas toujours accordé la préférence au même intérêt. Au début des sociétés, les lois pénales sont peu nombreuses, les pouvoirs publics mal organisés, on ne peut réprimer les délits qu'en enlevant à celui

(1) Fragm. Vatic., § 12.
(2) Dig., liv. XXXIX, tit. VI, loi 13, princip. et loi 33.
(3) Dig., liv. XIX, tit. IV, loi 1 § 3.

qui les a commis la chance d'en profiter. De là la
protection accordée au propriétaire dépossédé au
détriment du tiers de bonne foi qui a traité avec
le voleur. Puis les sociétés se transforment, le commerce se développe, les transactions se multiplient,
il faut les encourager et pour cela protéger les tiers
de bonne foi contre les revendications du précédent
propriétaire. De là les abréviations et même les sup-
pressions de délai, de là encore les conditions imposées à celui qui revendique. C'est ce que nous allons
voir en étudiant la législation française.

DROIT FRANÇAIS

DU DROIT DE SUITE SUR LES TITRES AU PORTEUR

INTRODUCTION

ORIGINE ET DÉVELOPPEMENT DES TITRES AU PORTEUR

1. En droit romain, nous nous sommes occupés
d'une manière générale du droit de suite sur les
meubles et nous n'avons pas donné les règles particulières qui pouvaient s'appliquer à certaines espèces de meubles. Nous ne suivrons pas le même système en droit français : nous étudierons spécialement les règles concernant une certaine classe de
meubles auxquels le développement de la richesse
publique a donné depuis quelques années une importance toute particulière, nous voulons parler des
titres au porteur.

Nous ne croyons pas inutile de dire quelques mots
sur l'origine de ces biens. Ces titres qui n'ont pris
que depuis quelques années un développement et
une extension si considérable, n'étaient pourtant pas
complétement inconnus de nos pères. Par une sin-

gulière coïncidence, c'est à la suite de troubles politiques qu'a été rendue la loi qui s'occupe de ces valeurs et accorde plus de sécurité à leurs propriétaires, c'est au milieu des troubles suscités par les guerres de religion que l'on peut placer l'époque de leur naissance. La nécessité de dissimuler ses fortunes fit, à cette époque, inventer *les billets en blanc*. C'étaient des obligations dans lesquelles le nom du bénéficiaire restait en blanc et pouvait être rempli par celui qui voulait en exiger le payement. On voit combien ces billets étaient dangereux ; aussi l'usage en fut-il proscrit par deux arrêts de règlement du Parlement de Paris des 7 juin 1611 et 26 mars 1624.

2. Il y avait là cependant un instrument de crédit commode qu'il ne fallait pas négliger : les billets en blanc se transformèrent en billets au porteur. Cette innovation, comme toutes les innovations, n'échappa pas à la critique ; elle eut pour adversaire un homme qui, non content d'être un habile ingénieur et un vaillant guerrier, voulut réunir à ces mérites celui d'un économiste distingué. J'ai nommé Vauban qui a écrit contre les billets au porteur les lignes suivantes (*Dîme royale*, p. 71).

« Je ne dois pas oublier de représenter ici qu'il se fait un négoce de billets qui est préjudiciable au véritable commerce et qu'il faudrait par conséquent abolir. Il y en a de deux sortes, les uns avec les noms du débiteur et du créancier, les autres sans nom du créancier....... L'autre sorte de billets dont l'usage devient très-commun, et dont il serait important d'arrêter le cours, parce qu'ils sont tous pernicieux au roi et à la société c'vile, sont des billets payables au porteur, sans autre condition, lesquels enferment d'ordinaire l'intérêt par avance. Cette manière de billets a été mise en vogue par les gens d'affaires pendant la dernière guerre pour mettre leurs effets à couvert des recherches que l'on pourrait faire contre eux. Un homme qui s'est mis en crédit aura amassé de grands biens souvent aux dépens du roi et du public et mourra riche de deux millions en de semblables billets. Ses héritiers, après s'en être saisis, renonceront à sa succession. S'il a malversé dans le maniement des deniers du roi, ou s'il a pris ceux des particuliers, il n'y aura point de recours contre lui parce que ces billets ne le manifestent point et que l'argent donné en conséquence n'a point de suite..... Mais je crois qu'il est nécessaire d'abolir absolument l'usage des billets de la seconde sorte. Un moyen court et facile pour en venir à bout est non-seulement de leur ôter toute exécution ; mais encore de condamner ceux qui les signeront à de grosses amendes. Le peu de bonne foi qui se rencontre aujourd'hui dans le monde fera que peu de gens voudront se fier à de semblables billets quand ils ne seront plus exigibles, et le danger de s'exposer à une grosse amende empêchera l'obligé de les signer. » Nous regrettons que l'illustre maréchal n'ait vu que les inconvénients des billets au porteur sans en apercevoir les avantages. Mais la pratique devait lui donner bientôt tort : un édit du mois de mai

1716 ayant défendu ces billets, on fut obligé de les rétablir par une déclaration royale du 21 janvier 1721.

3. Le gouvernement révolutionnaire en butte à des embarras d'argent inouïs qui l'obligèrent à créer du papier-monnaie dans des proportions considérables, craignit que les titres au porteur ne fussent recherchés de préférence à ses assignats et un décret du 8 novembre 1792 (art. 22) défendit aux corps administratifs, aux compagnies et aux particuliers de souscrire ou émettre aucun billet au porteur, sous quelque titre ou dénomination que ce fût, sous peine contre les contrevenants d'être poursuivis et punis comme faux-monnayeurs. Mais la Convention ne fut pas plus heureuse dans cette prohibition que la royauté et un décret du 25 thermidor an III déclara que la défense édictée par la loi de 1792 ne pouvait atteindre que les billets qui auraient pour objet de remplacer ou de suppléer la monnaie.

4. Toutefois si les titres au porteur furent autorisés, ils furent longtemps avant d'arriver au prodigieux développement qu'ils ont acquis aujourd'hui. Les sociétés industrielles et commerciales furent longtemps avant de s'en servir ; il est évident qu'au premier abord la forme au porteur semble absolument contraire aux principes mêmes de la société ; il semble qu'elle ne puisse se constituer qu'entre personnes se connaissant. Mais avec le temps, l'association des personnes a fait place bien souvent à l'association des capitaux et ce qui paraissait d'abord impossible a pu se réaliser. Parmi les différentes

formes de société, il en est une surtout qui ne répugne en rien à la forme au porteur, c'est la société anonyme. Aussi le Code de commerce autorise-t-il la création des titres au porteur pour cette espèce de société. Mais cette faculté fut peu mise en usage.

5. A côté de la société anonyme, pure association de capitaux et comme intermédiaire entre elle et la société en nom collectif, association de personnes, se place la société en commandite. Au moment où la France désabusée de la gloire militaire qui se paye souvent trop cher se lançait dans la voie des grandes entreprises industrielles, la société en commandite parut la forme la plus favorable et alors se présenta la question de savoir si ces sociétés pouvaient émettre des titres au porteur. Elle fut résolue affirmativement par un arrêt de la Cour de Paris du 7 février 1832 (Dalloz, rec. pér., 32, I, p. 107).

6. Depuis cet arrêt, ces actions prirent un tel développement que le législateur crut devoir y mettre un frein et lors de la discussion de la loi de 1856 un député demanda de les interdire complétement dans les sociétés en commandite. Ce système ne fut pas adopté, mais cette loi ne permit l'émission des titres au porteur qu'après libération complète du montant des actions. Cette faculté fut étendue par la loi de 1867 aux actions libérées de moitié.

7. Au moment même où l'on discutait devant les tribunaux la question de savoir si les sociétés en commandite pouvaient émettre des titres au porteur, le Gouvernement reconnaissait leur utilité. Les pre-

mières rentes sur l'État avaient été nominatives. Plusieurs décisions ministérielles des 14 octobre 1816, 26 mai 1819, 24 mai 1825 et 5 mars 1830 avaient autorisé l'émission de certificats au porteur de participation à des inscriptions de rente déposées par certaines maisons de banque. Une ordonnance royale du 29 avril 1831 alla plus loin, en autorisant la conversion des titres de rente en inscriptions au porteur « pour que la négociation de ces rentes fût affranchie des formes qu'entraînaient les justifications d'individualité et de propriété. » Une autre ordonnance du 10 mai suivant déclara que des coupons d'arrérages également au porteur seraient attachés à ces extraits d'inscriptions. A la même époque, la Banque de France se chargea du dépôt des titres au porteur et peu après fut autorisée à faire des avances sur ces titres.

8. Cependant les titres au porteur avaient beau se multiplier, on ne les jugeait pas dignes d'être régis par une législation spéciale. Il a fallu la guerre étrangère, l'invasion et la guerre civile pour amener l'attention du législateur sur la malheureuse position du propriétaire de ces titres qui s'en trouvait dépossédé. Pour étudier le droit de suite sur les titres au porteur, nous diviserons donc notre travail en deux parties : la première contiendra l'examen des règles que l'on appliquait aux titres au porteur avant la loi du 15 juin 1872, la seconde sera consacrée à l'étude de cette loi et des différentes questions que peut soulever son application.

PREMIÈRE PARTIE

ÉTAT DE LA LÉGISLATION ET DE LA JURISPRUDENCE AVANT LA LOI DU 15 JUIN 1872

9. En l'absence de toute disposition spéciale sur la matière, le droit de suite sur les titres au porteur était régi par les art. 2279 et 2280 du Code civil. Il est donc nécessaire pour commencer d'expliquer le sens de ces articles. L'art. 2279 est ainsi conçu : « En fait de meubles, la possession vaut titre. — Néanmoins celui qui a perdu ou auquel il a été volé une chose, peut la revendiquer pendant trois ans, à compter du jour de la perte ou du vol, contre celui dans les mains duquel il la trouve, sauf à celui-ci son recours contre celui duquel il la tient. » Cet article contient un principe et une exception. Nous examinerons d'abord le sens du principe et ensuite la portée de l'exception.

CHAPITRE PREMIER

DU SENS DE LA MAXIME EN FAIT DE MEUBLES, POSSESSION VAUT TITRE

10. Pour bien comprendre le sens de cette maxime, il est nécessaire d'étudier son origine; mais nous ne remonterons pas pour cela aux temps les plus recu-

lés et nous nous contenterons d'étudier le droit français du dix-huitième siècle. Du reste, c'est à ce moment que nous trouvons pour la première fois cette
formule. Faut-il croire pour cela, comme quelques
auteurs l'ont prétendu, que c'était là une doctrine
neuve et hardie, née de l'extension de la maxime :
« Meubles n'ont pas de suite par hypothèque, » et
de la confusion entre le droit d'hypothèque et le droit
de propriété ? C'est ce que nous ne pouvons admettre.
On a dit que la vérité était fille du Temps, cela est
encore plus vrai de la loi. Elle ne naît pas spontané-
ment du cerveau du législateur, comme Minerve de
celui de Jupiter, elle n'est que la satisfaction légitime
donnée à des besoins qui se font depuis longtemps
sentir. Toute loi qui ne répond pas à cet intérêt est
immédiatement frappée d'impuissance et ne peut
avoir qu'une existence éphémère.

11. Si nous cherchons l'état de la législation avant
l'apparition de cette formule, nous ne trouvons partout que désordre et confusion. Les diverses coutumes qui partageaient la France étaient divisées sur
la question de savoir s'il fallait appliquer aux meubles la prescription de trois ans ou celle de trente ans.
Certaines coutumes s'exprimaient à cet égard, d'autres étaient muettes, entre autres celle de Paris.
Plusieurs interprètes voulaient y appliquer la prescription de trente ans. Cette doctrine dont les conséquences étaient on ne peut plus funestes aux intérêts du commerce amena, immédiatement une réac-
tion qui fut favorisée par la difficulté de prouver le

droit de propriété que l'on peut avoir sur un meuble. Pothier nous fait part de ses hésitations sur ce sujet. (*Traité de la prescription*, art. III, n° 203, et *Traité des donations entre mari et femme*, 1re partie, ch. 1.) Si l'illustre jurisconsulte, entraîné par ses souvenirs du droit romain et son respect pour les règles existantes, n'ose pas formuler un principe nouveau, les praticiens n'avaient pas eu les mêmes scrupules et nous voyons la maxime *en fait de meubles possession vaut titre* appliquée par le Châtelet de Paris.

12. C'est ce que nous apprend Bourjon dans son ouvrage intitulé *le Droit commun de la France et la Coutume de Paris* (liv. II, tit. I, chap. VI, sect. 1re, n° 1) : « En matière de meubles, la possession vaut titre de propriété, la sûreté du commerce l'exige ainsi : la base de cette maxime est que l'on ne possède ordinairement que les meubles dont on est propriétaire; ainsi la possession doit donc, quant à ce décider, c'est le meilleur guide, et quel autre pouvait-on prendre sans tomber dans la confusion? » Après nous avoir averti que telle est la jurisprudence constante du Châtelet de Paris, il nous dit plus loin au chapitre de la Prescription, relativement aux meubles (liv. III, chap. V, tit. XXII : « La prescription n'est ici d'aucune considération, elle ne peut être d'aucun usage quant aux meubles puisque par rapport à de tels biens, la simple possession produit tout l'effet d'un titre parfait. » Il ajoute quelques lignes plus bas : en effet suivant la jurisprudence de ce tribunal (le Châtelet de Paris), la possession d'un

meuble, ne fût-elle que d'un jour, vaut titre de propriété sauf l'exception ci-après; mais hors de ce cas, la possession quant à ce vaut toujours titre de propriété.

13. L'exception dont il est ici question est relative aux choses volées. Mais Bourjon prend soin de nous dire dans un autre passage (liv. VI, tit. VIII, ch. III, n° 2), que les règles qu'il énonce ne sont pas applicables aux créances *nomina*. Faut-il ranger sous cette appellation les créances au porteur? Nous ne le croyons pas. Outre qu'à cette époque, ces créances étaient fort peu nombreuses et n'avaient guère dû attirer l'attention des jurisconsultes, l'expression *nomina* elle-même indique qu'il ne peut s'agir là d'une créance payable au premier venu et il faut en conclure que les titres au porteur étaient régis par les mêmes principes que les autres meubles.

14. Nous venons de voir que la première exception à la règle était relative aux meubles volés (liv. II, tit. I, ch. VI, sect. 1re, n° 3). Cette exception reçoit elle-même une exception, c'est lorsque le meuble volé a été acheté d'un marchand ayant qualité pour le vendre (liv. III, tit. II, ch. I, n° 5). Mais dans ce cas le propriétaire dépouillé a un recours contre le marchand.

15. La seconde exception est relative aux meubles vendus sans terme.

16. La troisième exception concerne le droit de suite du propriétaire sur les biens à son locataire. (Liv. III, tit. II, ch. I, n° 6.)

17. Telle est la doctrine du Châtelet de Paris qui a été reproduite dans le Code. Je n'en veux pour preuve que ce passage de l'*Exposé des motifs* de M. Bigot-Préameneu (Locré, leg. XVI, p. 586, n° 44) : « Dans le droit français, on n'a point admis à l'égard des meubles une action possessoire distincte de celle de la propriété ; on y a même regardé le seul fait de la possession comme un titre : on n'en a pas ordinairement d'autre pour les choses mobilières. Il est d'ailleurs le plus souvent impossible d'en constater l'identité, et de les suivre dans leur circulation de main en main. Il faut éviter des procédures qui seraient sans nombre et qui le plus souvent excéderaient la valeur des objets de la contestation. »

18. Toullier (t. XIV, n°ˢ 115 et s.) cependant a contesté que la doctrine de Bourjon ait passé dans le Code. Argumentant d'un passage de Denisart (*Coll. de déc. nouv.* v° *Prescription*, n° 40) qui dit : « Nous tenons au Châtelet pour maxime certaine que celui qui est en possession de meubles, bijoux et argent comptant en est réputé propriétaire, *s'il n'y a titre au contraire,* » il accuse Bourjon d'avoir mal rapporté la jurisprudence du Châtelet de Paris et qualifié sa doctrine d'absurde et de fausse. Nous croyons que la colère de l'éminent jurisconsulte l'a entraîné trop loin et l'a aveuglé au point de lui faire nier que l'abus de confiance fût un délit. Nous ne nous attacherons pas à réfuter cette singulière doctrine qui est en contradiction manifeste non-seulement avec l'art. 2279 du Code civil, mais encore avec les art. 406 et suivants du Code pénal. Nous ne relèverons pas non plus l'argument tiré du préjugé populaire qui considère comme permis de s'attribuer la propriété d'une chose perdue. Nous nous contenterons de faire remarquer que ce n'est qu'incidemment que Toullier a traité la question, que précédemment (t. XIII, n° 406) il avait émis une opinion différente et que peut-être s'il eût examiné de nouveau le sujet à fond, il aurait reconnu que si la situation du propriétaire, victime d'un abus de confiance, est digne d'un certain intérêt, il n'en a pas moins à se reprocher un manque de précautions, tandis qu'à côté de lui se trouve un tiers détenteur de bonne foi qui n'a commis aucune faute.

19. La doctrine de Toullier est combattue par tous les auteurs et en particulier par Marcadé (t. XII, n°s 300 et s.). Pour lui, les rédacteurs du Code ont adopté le système d'une prescription instantanée. M. Demolombe (t. IX, n° 622) a paru se rallier à cette doctrine, mais, comme Toullier, il n'a traité la question qu'incidemment, à propos de l'acquisition des fruits par le possesseur de bonne foi, et nous ne désespérons pas de voir le savant doyen de la faculté de Caen revenir sur cette opinion qui nous semble peu conforme aux principes. Quoi de plus singulier en effet que l'accouplement de ces deux mots : *prescription instantanée?* Ne sont-ce pas deux idées inconciliables en présence de l'art. 2219, qui définit la prescription *l'acquisition par le laps de temps?* Marcadé argumente de la place de l'article au

titre de la prescription ; mais les rédacteurs du Code ne peuvent-ils pas l'avoir mis là aussi bien pour dire qu'il n'y avait pas lieu à prescription que pour exprimer qu'il y avait une prescription d'une nature particulière ? Il est vrai que pour Marcadé c'est exactement la même chose de dire que la prescription est instantanée ou qu'il n'y a pas de prescription : « on entendait par là, dit-il, que pour les meubles il n'est pas besoin de prescrire, c'est-à-dire de posséder pendant un temps quelconque, attendu que le tiers acquéreur en devient propriétaire à l'instant même de son acquisition. » C'est là une erreur, car si l'on admet que le possesseur en matière de meubles est dispensé de la question de temps, il faut comme l'ont fait remarquer très-judicieusement MM. Aubry et Rau, qu'il ait encore le juste titre et la bonne foi. Nous verrons plus tard s'il y a lieu d'exiger ou non la bonne foi, mais quant au juste titre, nous ne le croyons pas nécessaire. Les raisons données par Marcadé ne nous semblent en aucune façon convaincantes. Il est obligé d'entrer dans des distinctions subtiles entre le titre efficace conférant le droit et le juste titre qui l'aurait conféré s'il était émané *a vero domino*. Mais, pour examiner si le titre est juste ou s'il ne l'est pas, il faut le produire. Or, quoi de plus contraire au texte de la maxime : *en fait de meubles possession vaut titre* ; quoi de plus contraire à l'autorité historique, puisque nous avons montré que cette maxime avait été inventée à cause de la difficulté de prouver son droit de propriété sur les meubles? Si l'on admet que le juste titre est présumé, nous verrons alors dans cette doctrine une fiction dépourvue de toute utilité et pouvant même entraîner de fausses conséquences, ainsi que nous le montrerons plus tard. Cette doctrine a cependant été admise par un arrêt de la Cour de Paris du 23 mai 1873. Il s'agissait dans l'espèce d'une liquidation portant attribution de valeurs mobilières et il est dit dans l'arrêt : « Considérant que cette attribution ainsi faite à la dame Guichard a constitué à son profit une possession accompagnée de juste titre et de bonne foi, qui s'est transmise avec les mêmes caractères à ses enfants mineurs ; que lesdits mineurs peuvent donc invoquer à bon droit la disposition de l'art. 2279 § 1er Code civil portant qu'en fait de meubles possession vaut titre. » Nous ne croyons pas qu'il faille accorder trop d'importance à ce considérant qui a pu échapper à la plume des rédacteurs de l'arrêt, d'autant plus qu'il n'avait pu être l'objet d'une contestation, puisque dans l'espèce le juste titre importait peu, la possession seule suffisant.

Mais, nous dit alors Marcadé, vous rendez tous les meubles imprescriptibles ? Non, nous décidons seulement que cette prescription n'aura pas lieu dans certains cas. Enfin, il invoque en sa faveur l'art. 2239 qui parle des tiers à qui un dépositaire a transmis une chose et dit que ces tiers pourront prescrire. Nous croyons que dans cet article, il s'agit non pas du dépôt proprement dit, mais du séquestre, qui d'après l'art. 1916, n'est qu'une variété du dépôt et peut s'appliquer tant aux immeubles qu'aux meubles. Nous verrons plus tard l'intérêt de la question.

20. Il y a encore deux autres systèmes, qui ont cela de commun qu'ils considèrent tous deux l'article 2279 comme établissant une présomption légale, mais ils diffèrent en ceci que, suivant le premier, c'est une présomption *juris tantum*, pouvant être détruite par la preuve contraire; tandis que, d'après le second, c'est une présomption *juris et de jure*, qu'on ne peut combattre. Le second système avait d'abord été consacré par la jurisprudence dans un arrêt de la Cour de Paris du 8 octobre 1814 ainsi motivé : « attendu que la première disposition de l'article 2279 du Code civil portant qu'en fait de meubles possession vaut titre, établit en faveur du possesseur d'une chose mobilière une présomption de propriété *juris et de jure* qui ne peut être combattue par une preuve contraire. » Cet arrêt fut déféré à la Cour de cassation qui rejeta le pourvoi le 4 juillet 1816 (Sirey, 18, I, p. 166) par le motif « que s'il est vrai qu'en général la possession vaut titre en fait de meubles, il est constant que l'art. 2279 n'y apporte que deux restrictions expresses, l'allégation de la perte ou du vol de la chose réclamée lorsqu'elle est dans la possession d'un tiers, et que le demandeur n'alléguait ni perte ni vol de la voiture dont il se prétendait copropriétaire. » Malheureusement la jurisprudence a varié sur ce point et nous la voyons plus tard considérer la maxime comme une pré-

somption *juris tantum*. C'est dans ce sens que s'est prononcée la Cour de Rouen dans un arrêt du 24 juillet 1845 (Dalloz, rec. per., 46, II, p. 86) dans lequel nous remarquons le considérant suivant : « attendu que le principe qu'en fait de meubles possession vaut titre n'établit en faveur du possesseur qu'une simple présomption qui peut être détruite, soit par la preuve testimoniale, soit même par des présomptions contraires pourvu qu'elles réunissent un caractère de gravité et de précision qui permettent de les faire valoir. » Il s'agissait dans l'espèce d'un don manuel fait à un héritier.

Nous trouvons le même principe dans un arrêt de la Cour de cassation du 15 avril 1863 (Dalloz, rec. per., 63, I, p. 396). Il s'agissait dans l'espèce d'une perquisition opérée par les syndics d'une faillite chez le failli. On avait pénétré chez la principale locataire et on avait saisi chez elle des titres au porteur. Elle les avait réclamés et le tribunal de Boulogne-sur-Mer avait rejeté sa demande par le motif qu'elle ne justifiait pas de sa propriété. La Cour de cassation cassa ce jugement : « Attendu qu'en rejetant, par ce motif, la réclamation de cette veuve sans contester que les obligations dont il s'agit eussent été saisies dans la partie de la maison occupée par elle et dans son secrétaire et sans que les syndics eussent offert de détruire par une preuve contraire la présomption de propriété résultant en sa faveur de la possession où elle était de ces obligations au porteur, le jugement attaqué avait ouvertement violé l'art. 2279 suivant lequel « en fait de meubles possession vaut titre ». Enfin cette doctrine a été formulée d'une manière encore plus expresse dans les considérants suivants d'un arrêt de la Cour de Nancy du 8 février 1873 (*Journal du palais*, 1873, p. 865) : « Attendu qu'il résulte des documents de la cause que Léopold-Nicolas Pothier possède des valeurs mobilières ayant appartenu à la dame Gaillard, valeurs qu'il soutient lui avoir été remises par celle-ci, à titre de don manuel, un ou deux jours avant sa mort; que cette possession constante crée à son profit, non pas sans doute une présomption *juris et de jure*, mais une présomption *juris tantum* qui doit lui suffire tant qu'elle n'a pas été détruite par une preuve contraire, laquelle est évidemment à la charge de l'héritier, par cette triple raison qu'il figure en qualité de demandeur au procès, qu'en fait de meubles la possession vaut titre et que *in pari causa melior est causa possidentis;* qu'en paraissant mettre d'une manière théorique, à la charge de Pothier, la preuve de la légitimité de sa possession, les premiers juges ont donc interverti les situations et les rôles, qu'il convient de les rétablir dans toute leur vérité; qu'assurément le principe ci-dessus posé peut entraîner après lui des inconvénients sérieux et faire naître des craintes légitimes en présence de l'extrême mobilisation des fortunes, mais qu'au législateur seul appartient le droit et incombe le devoir d'aviser aux mesures rendues nécessaires par un état de choses qu'il n'a pu prévoir et qu'il n'a pas prévu alors qu'il édictait l'art. 2279 du Code civil. »

MM. Aubry et Rau font observer (4ᵉ édit., t. II, p. 106 et s.) « que ces derniers arrêts qui déclarent dans leurs motifs que la présomption établie par l'article 2279 n'est qu'une présomption *juris tantum* susceptible d'être combattue par la preuve contraire, ont été rendus dans des espèces ou il s'agissait, non d'actions en revendication, mais bien d'actions personnelles en restitution ou de pétitions d'hérédité, c'est-à-dire d'actions auxquelles cet article n'est pas applicable, et ont ainsi confondu deux questions complétement distinctes, celle de savoir si la présomption dont s'agit est absolue et celle de savoir quelles sont les actions contre lesquelles on peut s'en prévaloir. » Il y a encore une autre confusion qui a contribué, suivant nous, à accréditer cette erreur que la preuve contraire est admissible contre la maxime de l'art. 2279 ; c'est que le déposant, le mandataire, celui auquel il a été prêté un meuble ne peuvent l'invoquer. Mais est-ce bien là une preuve contraire et n'y a-t-il pas une autre raison ? C'est, je crois, parce que ces personnes n'ont qu'une possession précaire : car dire que la possession constitue une présomption *juris et de jure* n'est pas dire que toute possession aura cet effet et après avoir posé ce principe, nous dirons qu'il reste encore à déterminer les conditions que doit réunir la possession pour engendrer cette présomption.

Nous ajouterons qu'en admettant la preuve contraire, la jurisprudence enlève tout sens efficace à la règle en fait de meubles possession vaut titre. C'est en effet un principe général, applicable aussi bien aux immeubles qu'aux meubles que la possession fait présumer la propriété. Si donc la maxime de l'art. 2279 n'a pas d'autre sens, elle est complétement inutile. Nous croyons du reste avoir prouvé en commençant que cette maxime était empruntée à Bourjon; il faut donc lui donner la signification qu'elle avait dans cet auteur et nous avons vu qu'il disait: « la possession vaut titre parfait. » Est-ce un titre parfait que celui qui peut être combattu par la preuve contraire? Poser la question, c'est la résoudre. Est-ce là une pure querelle de mots? Nous ne le croyons pas et voici, suivant nous, les conséquences pratiques de ces deux doctrines. J'ai été dépouillé d'un meuble par un abus de confiance, si la preuve contraire contre la présomption de l'art. 2279 est admise, on pourra prouver que je n'étais pas propriétaire au moment de l'abus de confiance, sinon on ne le pourra pas et il me suffira de démontrer que j'étais en possession à cette époque.

21. Nous arrivons ainsi à la théorie qui est formulée en ces termes par MM. Aubry et Rau (t. II, § 183): « La possession engendre instantanément et par elle-même en faveur du possesseur d'une chose mobilière, une présomption de propriété, à l'aide de laquelle il peut repousser toute action en revendication et qui est en général absolue et irréfragable. » Ces deux auteurs font remarquer, pour justifier ce principe

que « c'est par les exceptions apportées à une règle que se détermine le plus sûrement le véritable sens et la sphère d'application de cette règle..... et comme c'est l'action en revendication qui est exceptionnelle-ment admise en cas de perte ou de vol par le second alinéa de l'art. 2279, on peut avec certitude en con-clure que c'est aussi l'action en revendication et l'ac-tion en revendication seule qui se trouve en général écartée par le premier alinéa du même article. » S'il en est ainsi, la question est résolue, car l'art. 1352 n'admet aucune preuve contre la présomption de la loi « lorsque sur le fondement de cette présomption, elle annule certains actes ou dénie l'action en jus-tice. »

22. Une dernière opinion considère l'art. 2279 comme créant un nouveau mode d'acquérir. Cette manière de voir n'amène pas, il est vrai, des consé-quences différentes de celles de notre système; mais l'autorité historique et la logique nous défendent de l'admettre. Nous n'avons pas voulu rechercher si la maxime de l'art. 2279 avait ou non une origine ger-manique, nous avons constaté seulement que les auteurs du Code l'avait empruntée à Bourjon. C'est donc dans cet auteur qu'il faut en chercher le véri-table caractère. Or, nulle part, nous n'avons vu qu'il la considérât comme un nouveau mode d'acquérir. Cette opinion est-elle davantage d'accord avec les principes? Elle nous semble en parfaite contradiction avec eux. Nous verrons plus tard que la règle reçoit des exceptions qui s'expliquent fort bien dans notre

système et ne se comprennent guère dans celui que nous attaquons. On craint enfin de voir ceux qui considèrent l'art. 2279 comme établissant une présomption *juris et de jure* se laisser entraîner, à la suite de la jurisprudence, à admettre la preuve contraire ; mais bien peu solide serait le système que l'on pourrait aussi facilement abandonner.

23. Nous allons maintenant examiner quelle est la possession à laquelle l'art. 2279 attache les effets que nous venons d'énoncer. Elle doit avoir les caractères qui sont indiqués dans l'art. 2228 : « La possession est la détention ou la jouissance d'un droit que nous tenons ou que nous exerçons par nous-mêmes, ou par un autre qui la tient ou qui l'exerce en notre nom. » En d'autres termes. pour avoir la possession, il faut avoir *l'animus domini* et les locataires, les dépositaires, les emprunteurs ne possèdent pas pour eux la chose qu'ils détiennent et par suite l'art. 2279 ne leur est pas applicable.

24. Tout le monde est bien d'accord sur le principe, mais tous les auteurs ne lui donnent pas le même motif. Suivant Mourlon (*Rép. éc.*, t. III, 8ᵉ édit., p. 828) par exemple, si la maxime ne s'applique pas aux personnes que nous venons de citer, c'est qu'ils sont tenus d'une obligation personnelle. Mais l'exemple même qu'il nous donne prouve son erreur, c'est celui d'un héritier qui trouve dans une succession un objet vendu, mais dont la délivrance n'a pas encore été exigée. Mourlon prétend qu'il est de bonne foi et qu'il possède pour lui, mais qu'il ne peut in-

voquer la maxime à cause de l'obligation personnelle dont il est tenu. Or, dans un autre passage (p. 760), il reconnaît que les héritiers et successeurs à titre universel ne commencent pas une possession qui ne leur soit propre, mais continuent la possession du défunt avec ses qualités et ses vices. Si donc cette possession était précaire, celle de l'héritier le sera aussi. Il y a intérêt à dire que les locataires, dépositaires, etc., ne peuvent invoquer la maxime à cause de la précarité attachée à leur possession et non d'une obligation personnelle ; c'est que si celle-ci se trouve prescrite, ils ne peuvent pas l'invoquer davantage.

25. Outre l'*animus domini*, il faut encore que le possesseur qui veut profiter de la maxime ait la bonne foi. MM. Aubry et Rau prétendent qu'elle n'est pas exigée, mais, effrayés des conséquences de ce principe, ils s'empressent de les annihiler en déclarant que le propriétaire dépossédé aura une action fondée sur les art. 1382 et 1383.

26. Ce système a été développé avec talent par M. Jules Ortlieb dans son ouvrage intitulé *des Effets de la possession des meubles dans le droit français, ancien et moderne* (p. 107).

1° Il prétend que les motifs de notre maxime ne consistent pas uniquement dans l'erreur dans laquelle se trouve d'ordinaire le tiers acquéreur. Ces motifs sont résumés dans la phrase de Bourjon que nous avons citée plus haut où, après avoir formulé la maxime, il la justifie (n° 12). M. Ortlieb prétend conclure de cette phrase que la revendication est complétement exclue en matière de meubles. Nous croyons qu'il va trop loin, car il admet lui-même, comme tous les auteurs, que la revendication est admise contre le locataire, le dépositaire, l'emprunteur et qu'elle l'est également dans le cas de perte ou de vol ; si elle l'est dans certains cas, pourquoi ne le serait-elle pas dans d'autres? Toute la question est donc de déterminer ces cas et le raisonnement de M. Ortlieb nous semble une pure pétition de principes.

2° Il se fonde sur les précédents historiques et il invoque à l'appui de son opinion le passage suivant de Bourjon qui fait suite à celui que nous avons cité au n° 12, où, après avoir dit que la possession d'un meuble vaut titre de propriété, il ajoute : « Cependant Duplessis estime qu'avec la bonne foi il faut trois ans pour prescrire la propriété d'un meuble et trente ans lorsqu'il n'y a pas de bonne foi. J'ai toujours vu cette opinion rejetée au Châtelet où l'on tient pour maxime certaine, qu'en matière de meubles la possession vaut titre de propriété, à moins que le meuble ne soit furtif. » M. Ortlieb conclut de ce passage que Bourjon rejette la distinction posée par Duplessis entre la bonne et la mauvaise foi. Nous croyons que cela veut dire seulement qu'en fait de meubles aucun laps de temps n'est exigé pour acquérir la propriété.

3° Ce système nous semble du reste contredit formellement par l'art. 1141 du Code civil : « Si la chose

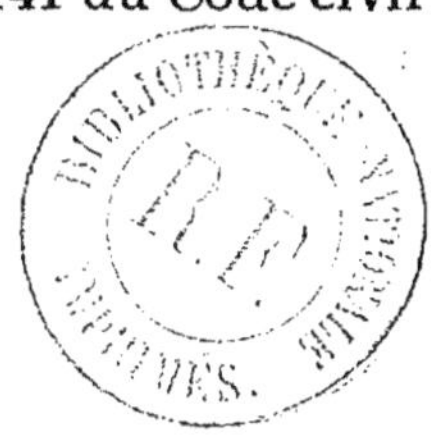

qu'on s'est obligé de donner ou de livrer à deux personnes successivement est purement mobilière, celle des deux qui en a été mise en possession réelle est préférée et en demeure propriétaire, encore que son titre soit postérieur en date, pourvu toutefois que la possession soit de bonne foi. » M. Ortlieb explique cet article par une obligation personnelle dont le second acquéreur est tenu à raison de sa mauvaise foi, mais une obligation personnelle peut bien donner naissance à une action en dommages et intérêts, mais non à une action en revendication.

4° M. Ortlieb prétend que si l'on admet la revendication contre le possesseur de mauvaise foi, il faut l'admettre avec toutes ses conséquences, c'est-à-dire avec le droit de suite contre tous les sous-acquéreurs de bonne ou de mauvaise foi. Non, nous ne l'admettrons pas à cause de la règle en fait de meubles possession vaut titre. Mais alors, nous dit-il, vous ne devez pas admettre la revendication contre le possesseur de bonne foi d'une chose perdue ou volée, « la situation est la même, la loi admet la revendication quand il y a eu perte ou vol, on veut l'admettre quand il y a possession de mauvaise foi ; dans les deux cas, il s'agit d'une exception à la règle qui exclut la revendication en fait de meubles. » Non, les deux cas ne sont pas les mêmes : dans le premier seul, il s'agit d'une exception à la règle, dans le second il s'agit d'en déterminer le sens exact. On peut donc dire qu'elle s'oppose à la revendication contre les sous-acquéreurs de bonne foi, sans pour cela soutenir qu'elle s'applique au possesseur de bonne foi d'une chose perdue ou volée, puisque c'est pour ce cas précisément qu'une exception a été faite. Enfin, ajoute M. Ortlieb, il dépendra donc du possesseur de mauvaise foi d'empirer par son aliénation la position du propriétaire. C'est peut-être là une chose regrettable, mais nous n'y pouvons rien et la situation que lui fait l'autre système n'est-elle pas plus mauvaise, puisqu'on ne lui donne la revendication dans aucun cas?

Indépendamment de l'intérêt qu'il y a, notamment dans le cas de faillite, à accorder l'action en revendication au lieu de l'action personnelle, M. Ortlieb croit avoir dû défendre ce dernier système par la crainte, qu'entraîné par une pente fatale, après avoir exigé la bonne foi, on demande le juste titre et on en vienne enfin à admettre la preuve contraire. Nous croyons, quant à nous, servir plus utilement les intérêts du système de la présomption *juris et de jure* en le préservant des exagérations qui ont eu pour résultat d'effrayer la jurisprudence et de l'entraîner dans un sens contraire à celui dans lequel on voulait la diriger.

27. Si nous exigeons la bonne foi du possesseur, à quel moment voulons-nous qu'elle existe? Pour les partisans de la prescription instantanée, il est évident qu'il faut appliquer ici l'art. 2269 et qu'il suffit que la bonne foi ait existé au moment de l'entrée en possession. Mais nous avons repoussé cette théorie qui dans ce cas nous conduirait à un résultat en

contradiction avec l'art. 1141 qui exige la bonne foi et la possession réelle. Si, comme nous le pensons, cet article n'est qu'une application du principe de l'art. 2279, il faut que la bonne foi existe au moment où la possession est invoquée.

28. Une fois le sens de la maxime établi, il nous reste à la justifier. On a vu plus haut que Bourjon invoquait la sûreté du commerce. Si, en effet, on admettait la revendication en matière de meubles, personne ne voudrait acheter sans s'assurer que son vendeur est bien réellement propriétaire et le commerce deviendrait impossible, d'autant plus que dans la plupart des cas, on ne conserve pas la preuve de sa propriété en matière de meubles. J'ajouterai qu'il y a ici à considérer l'intérêt de deux personnes, dont l'une a été coupable de négligence et dont l'autre n'a aucune faute à se reprocher.

Ceci dit, nous allons voir l'application de la maxime aux titres au porteur et nous étudierons les exceptions qu'elle reçoit relativement seulement à cette espèce de meubles.

CHAPITRE II

APPLICATION DE LA MAXIME « EN FAIT DE MEUBLES,
POSSESSION VAUT TITRE » AUX TITRES AU PORTEUR
ET EXCEPTIONS QUE REÇOIT CETTE MAXIME

SECTION PREMIÈRE

APPLICATION DE LA MAXIME AUX TITRES AU PORTEUR

29. Les règles que nous venons d'exposer ne sont
pas applicables aux meubles incorporels tels que les
créances nominatives, mais elles ont toujours été
appliquées aux titres au porteur, pour lesquels le
signe de la créance se confond avec la créance elle-
même.

La première décision que nous trouvons à cet
égard a précédé un peu le Code civil et nous voyons
dans les débats la preuve que la maxime n'était pas
seulement appliquée par le Châtelet de Paris, car le
commissaire du gouvernement Merlin nous dit que
c'est un axiome trivial et le tribunal de cassation
rend, dans sa séance du 2 nivôse an XII, un jugement conforme à ses conclusions, ainsi motivé (De-
nevers, *Journal des audiences de la Cour de cassation*, an XII, p. 326) : « considérant qu'il s'agissait
dans l'espèce de récépissés conçus en forme de billets

payables au porteur et que de pareils effets sont réputés être la propriété de celui qui en a la possession, à moins que celui qui les revendique, ne justifie que ces effets ont été volés ou qu'il les a perdus,
et qu'ils ont été trouvés par le possesseur, ce que les
demandeurs n'ont jamais articulé ni soutenu; qu'en
se conformant à ces principes de rigoureuse justice,
le tribunal d'appel de Bruxelles n'a pu faire une
fausse application des lois commerciales, relatives
aux billets payables au porteur, rejette... »

Ces principes ont toujours été appliqués et nous
en voyons la preuve entre autre dans un jugement
du tribunal civil de la Seine du 31 janvier 1850, confirmé purement et simplement par un arrêt de la
Cour de Paris du 7 mars 1851 (Dalloz, *Rec. per.*, 1852,
V, p. 427, v° *Possession*, n°s 2 et 3).

SECTION II

EXCEPTIONS APPORTÉES A LA RÈGLE « EN FAIT DE MEUBLES, POSSESSION VAUT TITRE »

30. La règle en fait de meubles, possession vaut
titre ne s'applique pas aux objets perdus ou volés.
Cette décision est une conséquence même du principe. Nous avons vu que la règle dont s'agit avait
été inventée à cause de la difficulté de prouver que
l'on était resté propriétaire d'un meuble, mais ici
cette difficulté n'existe plus. Je prouve que tel objet

m'appartenait et que je n'en ai été dépouillé que par une circonstance indépendante de ma volonté.

31. Il faut entendre par objets perdus non-seulement ceux égarés par la négligence du propriétaire, mais encore ceux dont il a été privé par un événement de force majeure. Les cas de perte et de vol se confondront quelquefois, car la jurisprudence considère comme voleur, celui qui ayant trouvé des objets perdus, les retient avec l'intention de se les approprier. Mais il n'y a pas vol si la possession de la chose soustraite résulte seulement de la remise qui en a été faite par le tiers qui l'avait lui-même appréhendée (Cass. crim., 5 avril 1873, *J. du Palais*, 1873, p. 843).

32. Pour que la revendication soit possible, il faut que les meubles perdus ou volés se trouvent réellement entre les mains de la personne contre laquelle on les revendique. La Cour de cassation, par arrêt d'admission de la Chambre des requêtes du 7 janvier 1874 (*Gaz. trib.*, 10 janvier 1874), a décidé que l'ancien détenteur de la chose perdue ou volée ne pouvait être condamné à en payer le prix ou la valeur si le jugement ou l'arrêt ne constate aucune faute qui lui soit imputable dans le sens des articles 1382 et 1383 du Code civil.

C'est ce qui a encore été décidé par un arrêt de la Cour de Paris du 21 janvier 1874 (*Gaz. trib.*, 13 mars 1874) rendu dans les circonstances suivantes : un sieur Xavier Windling ayant volé des obligations du Trésor au porteur à son frère Alexis

et les ayant vendues à MM. Stein et Ce, changeurs à
Paris, Alexis Windling actionna ceux-ci en restitution des valeurs volées ou en dommages-intérêts. Le
Tribunal civil de la Seine accueillit cette demande
par jugement du 3 décembre 1872 ainsi motivé;
« Attendu qu'il résulte des documents de la cause
que Stein a, le 25 juillet 1867, acheté des obligations
du Trésor à un tiers qui les avait lui-même récemment volées au préjudice de Windling, et que le
29 du même mois, il les a vendues à la Bourse de
Paris, par le ministère d'un agent de change, qu'il a
en outre touché dix coupons d'intérêts des mêmes
obligations ; attendu que Stein, après avoir acheté,
même sans mauvaise foi, mais en dehors des conditions déterminées par l'art. 2280 du Code civil, les
titres volés au demandeur, était exposé à la revendication que ce dernier pouvait exercer contre lui,
qu'en vendant à la Bourse et en touchant les coupons d'intérêts échus, il a réalisé à son profit la
valeur des titres volés, en même temps qu'il a mis le
propriétaire dépouillé dans l'impossibilité de les
revendiquer entre les mains d'un tiers détenteur
sans lui payer son prix d'acquisition, attendu que
Stein n'a pu, par cette vente ni par la perception des
intérêts, ni améliorer sa situation et s'approprier la
valeur des titres volés en se mettant à l'abri de
toute réclamation, ni empirer la situation du propriétaire volé en le plaçant dans la nécessité de rembourser aux détenteurs de ces titres leur prix d'acquisition ; que sa bonne foi ne saurait l'autoriser

à retenir le profit qu'il a retiré de la chose d'autrui, et qu'il est tenu en conséquence de rendre au demandeur lesdits titres ou le prix qui lui en a été payé par son acquéreur et la somme qu'il a touchée à titre d'intérêt, etc. » Ce jugement fut infirmé par les motifs suivants : « considérant qu'aux termes de l'art. 2279 du Code civil, la revendication ne peut être utilement exercée qu'entre les mains de celui qui détient la chose volée ; que les valeurs présentées à Stein et C⁰ et par lui acquises, ont été vendues à la Bourse par Parguez, agent de change, les 29 et 30 juillet 1867 ; que la demande introduite par Windling est postérieure à cette négociation ; considérant d'ailleurs, qu'il résulte de toutes les circonstances de la cause que Stein et C⁰ en achetant de Xavier Windling, frère de l'intimé, les valeurs dont s'agit, ont procédé avec une entière bonne foi ; qu'ils se sont environnés de tous les renseignements qui pouvaient garantir la légitime propriété de ces valeurs entre les mains dudit Xavier Windling, que, notamment, ils n'ont payé partie du prix qu'à son domicile, que, conséquemment, ils n'ont commis aucune faute ni imprudence qui puisse entraîner l'application des articles 1382 et 1383 du Code civil, etc... »

33. Les art. 2279 et 2280 ne s'occupent pas des droits du propriétaire dépossédé contre l'inventeur ou le voleur et alors nous restons sous l'empire du droit commun. L'action se prescrira par trente ans (art. 2262). Ceci est admis sans difficulté pour l'in-

venteur, mais est contesté pour le voleur, à cause des art. 637 et 638 du Code d'instruction criminelle qui disent que l'action publique et l'action civile se prescrivent toutes deux par le laps de dix ans pour les crimes, et trois ans pour les délits.

Mais cette objection n'est pas fondée puisque nous avons admis que l'action à laquelle donne lieu l'article 2279 est une action en revendication et non une action civile en dommages et intérêts. On insiste en disant que les législateurs ont voulu qu'un crime ou un délit ne pût être prouvé au bout de dix ou trois ans, nous citerons tout à l'heure un arrêt qui déclare qu'il n'est pas besoin de prouver que le vol a été commis par une personne déterminée, mais qu'il suffit d'établir que l'on était propriétaire des objets volés et que l'on en a été dépouillé par une soustraction frauduleuse.

34. Il n'est pas nécessaire qu'il y ait délit puni par la loi pénale. Ainsi il y aura lieu à l'exception, si l'auteur du vol échappe à la répression à cause de son âge ou de sa qualité, car dans ce cas le dessaisissement est toujours involontaire. On peut du reste, tirer un argument de ce que dans ce cas les recéleurs et les complices sont punis des peines du vol.

35. Pour terminer l'examen des droits du propriétaire vis-à-vis des auteurs du délit dont il a été victime, il est nécessaire de dire quelques mots de l'abus de confiance.

Celui qui l'a commis pourra-t-il invoquer la maxime en fait de meubles, possession vaut titre ?

D'après les principes que nous avons donnés plus haut, il ne le pourra pas, car nous avons vu que pour pouvoir invoquer cette maxime, il faut avoir l'*animus domini*. Dans ce cas, ce sera au propriétaire dépossédé qu'incombera la preuve du contrat de prêt, de dépôt ou de mandat qu'il invoque et il aura trente ans pour faire cette preuve (art. 2262). Il pourra même la faire contre les héritiers de l'emprunteur, du dépositaire ou du mandataire, car ceux-ci ne peuvent avoir plus de droits que leur auteur. Mais si le possesseur était de mauvaise foi, comme il y a là une qualité toute personnelle, ses héritiers pourront invoquer la maxime s'ils sont de bonne foi. Je suppose que leur auteur a été par exemple complice de l'abus de confiance.

36. Examinons maintenant la situation du propriétaire dépossédé vis-à-vis du tiers détenteur. Si celui-ci est de bonne foi et que le titre n'ait été ni perdu, ni volé, il peut opposer au propriétaire une fin de non-recevoir invincible.

Si le détenteur est de mauvaise foi, on peut revendiquer contre lui pendant trente ans ; s'il est de bonne foi et que les objets aient été perdus ou volés, la revendication n'est permise que pendant trois ans.

37. Il n'est pas nécessaire qu'il y ait eu condamnation pénale, il suffit que le demandeur prouve qu'il était depuis un temps inférieur à trois ans en possession des objets et qu'ils lui ont été enlevés par une soustraction frauduleuse. C'est ce qui a été décidé par un arrêt de la Cour de Paris du 25 janvier

1868 infirmant un jugement du tribunal civil de la Seine du 30 mars 1867 (*Gaz. trib.*, 1ᵉʳ février 1868).

La Cour déclare « que pour exercer l'action en revendication autorisée par l'art. 2279 du Code Napoléon, le propriétaire d'un objet volé n'est point tenu d'établir que le vol a été commis par un individu déterminé et encore moins de justifier que cet individu a été pour ce fait condamné par les tribunaux de répression ; qu'il suffit au propriétaire d'établir qu'il a été dépouillé par une soustraction frauduleuse, alors même que le détenteur n'en est ni l'auteur, ni le complice et que le malfaiteur reste inconnu ; qu'en thèse générale, une décision, qui décharge un prévenu d'un vol, n'a rien d'inconciliable avec une décision du juge civil qui, dans l'application des dispositions de l'art. 2279, décide que l'objet a été volé. »

38. Quel est le caractère de l'obstacle apporté à la revendication du propriétaire au bout de trois ans ? Est-ce une prescription acquisitive ou libératoire, ou une déchéance ? Si nous consultons les précédents, il semble bien que c'est une prescription acquisitive puisque ce laps de trois ans a été emprunté au droit romain où il constituait évidemment une prescription et telle est l'opinion de M. Malleville dans son analyse raisonnée de la discussion du Code civil au conseil d'État (t. IV, p. 350). On combat quelquefois ce système en disant que la preuve qu'il ne s'agit pas de prescription, c'est que ce délai court contre les mineurs et les interdits. Cette raison ne serait pas tout à fait convaincante, puisqu'en général, les

prescriptions de moins de cinq ans ne courent pas contre ces personnes, mais nous croyons que l'on peut combattre cette doctrine en s'appuyant sur les principes généraux et sur les termes mêmes de l'art. 2279. Cet article nous dit, en effet, que le délai court du jour de la perte ou du vol, tandis qu'en matière de prescription, il ne court jamais qu'à partir de l'entrée en possession.

Ce n'est pas non plus une prescription libératoire, car cette prescription n'est pas admise contre l'action en revendication.

C'est donc une simple déchéance. Nous avons vu qu'en droit romain le propriétaire qui avait pu revendiquer sa chose et qui ne l'avait pas fait encourait la perte de son droit, cette déchéance est aujourd'hui encourue par le laps de trois ans.

39. Faut-il comprendre dans le cas de vol l'abus de confiance et l'escroquerie? Nous ferons d'abord remarquer que la règle générale est posée dans le § 1 de l'art. 2279 et que si le deuxième paragraphe de cet article contient une exception, elle ne doit pas être étendue à des cas pour lesquels elle n'a pas été créée. Nous avons vu plus haut que cette règle a été fondée en partie sur ce que le propriétaire dépossédé avait une faute à se reprocher. S'il en est ainsi, nous ne pouvons y admettre d'exceptions dans le cas d'abus de confiance. En effet, celui qui se trouve dépouillé par le fait d'une personne dans laquelle il a placé sa confiance a une faute à se reprocher, tandis que le possesseur de bonne foi n'en a aucune, celui-ci doit

donc être préféré et il n'y a pas lieu dans ce cas à faire exception à la maxime. Ceci a été cependant contesté par Toullier (t. XIV, n°s 118 et 119), qui invoque le droit romain et prétend que la distinction entre le vol et l'abus de confiance était inconnue aux rédacteurs du Code civil. Mais nous avons vu que ces rédacteurs avaient abandonné les idées romaines pour suivre celles de Bourjon qui nous dit formellement qu'il n'y avait pas exception à la maxime dans le cas d'abus de confiance (Liv. VI, tit. VIII, ch. III, sect. 4). « Si le dépositaire avait vendu ce meuble, le propriétaire d'icelui ne peut le réclamer des mains de l'acheteur parce qu'en matière de meubles, la possession valant titre, la sûreté du commerce ne permet pas que l'on écoute une telle revendication; il faut donc en ce cas la rejeter; l'ordre et l'avantage public l'exigent ainsi. » C'est du reste ce que la jurisprudence admet maintenant sans hésitation, ainsi que le constatent notamment des arrêts de la Cour de Caen du 9 mars 1846, de la Cour de Paris, des 7 mars 1851, 29 mars 1856 et 9 avril 1864, de la chambre des requêtes du 23 décembre 1863 et enfin de la Cour de Bordeaux, du 26 mai 1873 (Sirey, 47, II, p. 399, 52, II, p. 408, 65, I, p. 188: II, p. 172).

40. Quant à l'escroquerie, la question est plus discutée. M. Troplong (*Prescription*, n° 1069) soutient qu'en matière d'escroquerie, le consentement n'a pas été sérieux et il s'appuie sur un arrêt de la Cour de Paris du 13 janvier 1834 (Sirey, 34, II,

p. 91). Mais cet arrêt a été cassé le 20 mai 1835 (Sirey, 35, I, p. 321), et depuis, la jurisprudence déclare que le deuxième paragraphe de l'art. 2279 n'est pas applicable à l'escroquerie. On peut citer en ce sens notamment deux arrêts, l'un de la Cour de Paris, du 21 novembre 1835, et l'autre de la Cour de Rouen, du 10 mars 1836 (Sirey, 36, II, p. 18 et 193).

Cette jurisprudence me paraît conforme aux principes. Peut-on dire en effet comme l'allègue M. Troplong qu'on ne peut faire aucun reproche à celui qui s'est laissé escroquer? Je ne le crois pas : son consentement n'a pas été complétement libre, je le veux bien, mais enfin il a consenti *coactus voluisti sed voluisti*, disaient les Romains, tandis que le détenteur de bonne foi est complétement exempt de fraude.

41. L'exception de l'art. 2279, § 2, doit donc être restreinte au cas de vol, mais, en matière de titres au porteur, elle doit s'appliquer tout aussi bien aux coupons détachés du titre qu'au titre lui-même. Cependant ceci a été contesté dans plusieurs décisions, entre autres dans un jugement du tribunal de commerce de la Seine du 27 octobre 1857 (Dalloz, Rec. per., 1859, II, p. 111,) qui se fonde sur les motifs suivants : « Attendu qu'en matière d'actions ou d'obligations au porteur, il y a lieu de distinguer entre le titre lui-même et les coupons d'intérêts devant se détacher aux époques déterminées pour le payement desdits intérêts, que s'il est vrai qu'un titre au porteur ne peut être acheté qu'avec la certitude de l'individualité et du domicile de celui qui en est le

détenteur, il ne peut en être de même pour les coupons d'intérêt ; en effet il est d'usage constant que ces coupons deviennent une monnaie courante et sont souvent reçus en payement comme espèces ou billets de banque ; que vouloir les assimiler aux titres dont ils sont détachés serait gêner les transactions et détruire les facilités données au porteur de les transmettre par une simple remise. » Ce jugement fut infirmé par arrêt de la Cour de Paris du 23 décembre 1858 ainsi motivé : « considérant que les coupons toujours reconnaissables au moyen des numéros qui y sont inscrits, sont payables à une époque fixe ; que si leur transmission est exempte de toute formalité, elle donne cependant lieu à une vente ou négociation qui les assimile à tout autre objet mobilier et qui ne permet de les considérer ni comme billets de banque, ni comme monnaie courante ; que si les coupons dont s'agit appartiennent légalement, comme effets au porteur, à celui qui les possède, il y a certainement exception légale à ce droit de possession lorsqu'ils ont été perdus ou soustraits ; que la maison V⁰ Meyer Spielmann, en acceptant la négociation de ces coupons perdus a encouru la même responsabilité que s'il s'était agi de tout autre objet mobilier qui aurait été perdu ou volé ; qu'il était de son devoir de s'enquérir de la manière dont ces coupons étaient en la possession de son vendeur ; qu'il n'y a d'exception à la règle de l'art. 2279 que dans les cas prévus par l'art. 2280 qui ne se rencontrent pas dans l'espèce et que ces deux articles constituent dans cette matière le droit commun. » Ce système qui semble avoir été généralement adopté par la jurisprudence nous paraît équitable et juridique : nous donnerons plus tard, quand nous examinerons les vrais caractères du billet de banque, les raisons qui nous font repousser l'assimilation entre cette valeur payable à vue et les coupons qui ne se touchent qu'à échéance fixe.

42. Il peut se présenter des circonstances particulières pour les coupons : les compagnies ont l'habitude de les oblitérer en les payant. Il peut arriver qu'un employé infidèle ou négligent omette cette formalité. C'est ce qui est arrivé dans une affaire où le tribunal de commerce de la Seine a rendu, le 19 octobre 1872, le jugement suivant (Droit, des 28 et 29 octobre 1872) : « Attendu que la société du Crédit mobilier réclame à Lopez Silva la somme de quatre cents francs représentant des coupons de la société Autrichienne qu'elle lui aurait payés par erreur le 13 juillet dernier et qu'elle avait déjà payés à des tiers : attendu que les coupons sont des valeurs essentiellement au porteur, que la société du Crédit mobilier aurait dû estampiller ceux dont il s'agit après le premier payement qui a été fait à deux personnes et à deux dates différentes ; que cette dernière circonstance et tous les faits de la cause prouvent que la soustraction des coupons a été commise non en dehors des guichets de la société et par des étrangers, mais dans l'intérieur même des bureaux par des personnes qui y avaient accès à un titre quelconque ; que la société du Cré-

dit mobilier doit subir les conséquences de la négligence et de l'infidélité de ses employés ; qu'il est établi que Lopez Silva a reçu de bonne foi, qu'il a lui-même tenu compte à un tiers du montant des coupons ; qu'en conséquence il n'y a pas lieu de faire droit à la demande, déclare la société du Crédit mobilier non recevable, etc. » Le même tribunal s'est prononcé dans le même sens dans une espèce analogue, le 20 septembre 1873 (Droit, du 28 septembre 1873).

SECTION III

APPLICATION DE L'ART. 2280 AUX TITRES AU PORTEUR

43. L'exception apportée à la règle en fait de meubles, possession vaut titre dans les cas de perte ou de vol, souffre elle-même une exception que nous avons déjà vue exprimée par Bourjon et qui est formulée en ces termes dans l'art. 2280 : « Lorsque le possesseur de la chose volée ou perdue l'a achetée dans une foire, un marché, dans une vente publique ou d'un marchand vendant des choses pareilles, le propriétaire originaire ne peut se la faire rendre qu'en remboursant au possesseur le prix qu'elle lui a coûté. »

44. Avant de voir les conséquences de cet article et son application aux titres au porteur, posons bien le principe : Le titre a été perdu ou volé, le

propriétaire a fait la preuve et on ne se trouve plus dans le cas de l'application de la maxime en fait de meubles possession vaut titre. Le propriétaire revendique sa chose et c'est au tiers détenteur à prouver qu'il l'a achetée dans une foire ou un marché public ou d'un marchand vendant des choses pareilles. S'il administre cette preuve, le revendiquant doit rembourser le prix d'achat, quand même il serait supérieur à la valeur actuelle ainsi que les dépenses nécessaires et utiles, par exemple, pour les titres au porteur, les versements faits sur un titre non libéré ou tenir les engagements contractés pour profiter des avantages offerts par les compagnies aux anciens actionnaires. Quant aux intérêts de ces sommes, le revendiquant n'a pas à les payer, car ils se compensent avec les avantages que le tiers détenteur a tirés de la possession.

45. Examinons maintenant dans quels cas s'applique l'art. 2280. Il est d'abord évident qu'il s'applique aux titres achetés à la Bourse ou par devant notaire pour les titres non cotés à la Bourse. Il s'applique également aux titres achetés sur des marchés étrangers destinés à l'achat et à la vente de ces sortes de valeurs. C'est ce qu'a décidé un jugement du tribunal civil de la Seine du 6 août 1863, confirmé par arrêt de la Cour de Paris du 9 avril 1864 (Dalloz, rec. per., 65, II, p. 55). On peut citer dans le même sens un jugement de la sixième chambre du tribunal civil de la Seine du 21 janvier 1874. Un point qui est plus délicat, c'est de savoir comment il faut trai-

ter les changeurs, il y a là deux questions distinctes : la première si le comptoir d'un changeur est un marché public destiné à l'achat des titres au porteur, et la seconde si le changeur peut être considéré comme un marchand vendant des choses pareilles. Dans les deux cas le tiers détenteur se trouvera à l'abri ; mais dans le premier seulement le changeur sera protégé contre tout recours en garantie.

46. La première question a été résolue affirmativement par un jugement du tribunal civil de la Seine du 16 novembre 1854 (Sirey, 57. I, p. 173). Ce jugement a été infirmé, il est vrai, par arrêt de la Cour de Paris du 25 août 1855, mais pour d'autres motifs sur lesquels nous reviendrons plus tard. On peut citer dans le même sens trois jugements du tribunal civil de la Seine des 11 janvier 1856, 2 juin et 6 août 1863. Mais dans l'autre opinion on peut invoquer un jugement du tribunal civil de la Seine du 19 novembre 1862, confirmé par arrêt de la Cour de Paris du 6 juin 1864 (Sirey, 64, II, p. 282), un autre jugement du même tribunal du 20 août 1863, confirmé par arrêt de la même Cour du 26 août 1864 et enfin un troisième jugement du même tribunal du 25 novembre 1863, confirmé par arrêt de la même Cour du 9 novembre 1864 (Dalloz, rec. per. 65, II, p. 54). Nous croyons que c'est cette dernière solution qui doit être adoptée : il nous paraît, en effet, impossible d'assimiler le comptoir d'un changeur à un marché public ; ces marchés ont besoin pour s'établir de l'autorisation du gouvernement et sont placés sous sa

surveillance et il n'en est pas de même des changeurs.

47. Quant à la seconde question il faut distinguer, le changeur peut servir d'intermédiaire entre le vendeur et l'acheteur ou bien acheter à ses risques et périls pour revendre. Dans ce dernier cas on peut le considérer comme marchand habituel de titres au porteur, mais il n'en est pas de même dans le premier.

L'art. 4 de l'arrêté du 27 prairial an X nous dit : « Il est défendu, sous les peines portées par l'art. 13 de l'arrêt du Conseil du 26 novembre 1781 et 8 de la loi du 28 ventôse an IX, à toutes personnes autres que celles nommées par le gouvernement de s'immiscer en façon quelconque et sous quelque prétexte que ce puisse être, dans les fonctions des agents de change et courtiers de commerce, soit dans l'intérieur, soit à l'extérieur de la Bourse. » L'art. 6 ajoute : « Il est défendu sous les peines portées contre ceux qui s'immiscent dans les négociations sans être agents de change ou courtiers, à tout banquier, négociant ou marchand, de confier ces négociations, ventes ou achat, et de payer des droits de commission ou de courtage à d'autres qu'à des agents de change ou courtiers. » Enfin l'art. 76 du Code de commerce est peut-être encore plus formel : « les agents de change, constitués de la manière prescrite par la loi, ont seuls le droit de faire les négociations des effets publics et autres, susceptibles d'être cotés, de faire, pour le compte d'autrui, les négociations des lettres de change ou billets, et de tout papier commerçable et d'en constater le cours. » Si les titres au porteur ne sont pas toujours des effets publics, personne ne niera, je crois, qu'ils soient susceptibles d'être cotés. Les agents de change peuvent donc seuls les négocier et s'ils le laissent faire souvent aux changeurs, cette tolérance ne peut créer un droit en faveur de ceux-ci.

48. L'art. 2280 ne s'occupe spécialement que du cas où c'est le possesseur actuel qui a acheté la chose dans des circonstances particulières. Que décider s'il n'a pas acheté dans ces circonstances, mais tient la chose de quelqu'un qui peut les invoquer? A la rigueur le revendiquant peut se dispenser de rembourser le prix au défendeur, mais celui-ci peut appeler son vendeur en garantie et ce dernier opposera avec succès l'art. 2280. Donc, dans ce cas, le demandeur sera obligé de rembourser le prix, mais ce sera celui de la première vente et non de la seconde. Si le porteur actuel possède les titres comme légataire ou donataire, il pourra invoquer l'art. 2280 comme son auteur l'aurait pu et réclamer le remboursement de ce que celui-ci a payé.

Le revendiquant obligé de rembourser le prix d'achat a deux recours, l'un contre celui par le fait duquel il a été dépouillé, l'autre contre celui qui le premier a vendu la chose dans des circonstances de nature à rendre exigible le remboursement. Nous venons de voir d'un autre côté que le tiers-porteur avait recours contre son vendeur. Dans ces deux cas, on s'adressera bien souvent à un agent de change ou à un changeur ; il est donc naturel de nous occuper de leur responsabiliét.

CHAPITRE III

RESPONSABILITÉ DES AGENTS DE CHANGE ET DES CHANGEURS

SECTION PREMIÈRE

RESPONSABILITÉ DES AGENTS DE CHANGE

49. La jurisprudence avait semblé d'abord vouloir appliquer aux titres au porteur l'arrêté du 27 prairial an X dont nous avons parlé plus haut. C'est ce qu'avait décidé la Cour de Paris dans un arrêt du 11 juin 1847 où elle avait déclaré que l'intervention des officiers publics dans les transactions avait pour but d'assurer leur sincérité dans l'intérêt des parties et des tiers et que tout officier public qui prêtait son ministère à un acte de ses fonctions, devait avant tout se faire certifier l'identité des parties qu'il ne connaissait pas. Cet arrêt fut cassé par la Cour de cassation le 21 novembre 1848 par ce motif que l'arrêté du 27 prairial an X n'était applicable qu'à l'égard des valeurs nominatives et que les effets au porteur par leur nature même ne comportaient pas l'application d'une pareille obligation. Nous croyons que cet arrêt échappe à toute critique si l'on

considère seulement l'art. 15 de l'arrêté d'après lequel dans les transferts d'inscription de rente, les agents de change doivent certifier l'identité du propriétaire, la vérité de sa signature et des pièces produites et en sont responsables. Mais l'art. 13 de cet arrêté nous dit : « Chaque agent de change devant avoir reçu de ses clients les effets qu'il vend ou les sommes nécessaires pour payer ceux qu'il achète est responsable de la livraison ou du payement de ce qu'il aura vendu ou acheté. » Ce dernier article nous semble pouvoir sans difficulté être appliqué aux titres au porteur.

50. Du reste, cet arrêt lui-même reconnaît que si l'agent de change n'est pas responsable dans l'espèce, c'est qu'il n'existe pas dans la cause des circonstances particulières pouvant motiver l'application des articles 1382 et 1383 du Code civil. Dans un arrêt du 20 avril 1848 (Sirey, 49, I, p. 38), la Cour de cassation a reconnu ces circonstances dans le fait que les titres avaient été envoyés par une personne résidant à l'étranger et qui demandait qu'on lui renvoyât le montant de la négociation par lettre chargée adressée chargée également à l'étranger.

Nous trouvons un arrêt beaucoup plus sévère de la Cour de Paris du 29 juin 1857 (Sirey, 57, II, p. 633). Dans l'espèce, l'affaire avait été apportée à l'agent de change par un courtier et le tribunal civil de la Seine, par jugement du 27 mars 1856, avait déclaré que l'agent de change n'encourait aucune responsabilité : « Attendu que si le produit des négociations a été remis par Dupré entre les mains de Turgot, qui n'était pas propriétaire des actions, et qui s'était présenté à lui tant pour lui remettre les actions que pour en recevoir le prix sous le faux nom de Lecomte, il est constant au procès que le courtier travaillant pour le compte de Dupré avait reçu l'ordre de vente du prétendu Lecomte et avait attesté l'individualité dudit Lecomte qu'il avait signalé à Dupré comme un ancien client de la maison. » La Cour de Paris infirme ce jugement « considérant qu'en négligeant de constater l'individualité de la personne pour laquelle il opérait, Dupré n'a rempli ni l'obligation qui impose à l'agent de change la loi de son institution, ni celle qui résulte pour tout mandataire des principes du droit commun ; que ces obligations ne souffrent pas de distinction selon la nature des valeurs à négocier, puisqu'en effet, en cas de vol ou de perte de titres au porteur, leur accomplissement est l'unique sauvegarde du propriétaire dépossédé, toute action, à défaut d'identité constatée, demeurant à peu près impossible ; considérant que Dupré, pour justifier sa bonne foi, allègue, il est vrai, que le courtier travaillant habituellement pour son compte lui aurait certifié l'individualité du prétendu Lecomte ; mais que la loi ne reconnaît pas de tels intermédiaires, et que le bon sens ne permet pas d'admettre qu'à l'occasion d'affaires dans lesquelles ils ont un intérêt direct le témoignage de ces agents sans responsabilité suffise pour exonérer l'officier public des fautes qu'il commet. » On voit par ces exemples combien la question est délicate et quelles précautions les agents de change doivent prendre pour éviter toute espèce de responsabilité.

51. Il est des circonstances où l'agent de change est certainement responsable, c'est lorsqu'il a reçu une opposition. C'est ce qui a été décidé par l'arrêt de la Cour de Paris du 25 janvier 1868 que nous avons déjà cité (n° 37) où l'on trouve les motifs suivants : « Considérant que l'intimé soutient que, même en admettant que l'action en revendication se trouve perdue par le résultat de la vente faite par son ministère, il ne pourra être déclaré responsable, qu'il est impossible à l'agent de change, même averti par le propriétaire de la perte ou du vol d'un titre d'action, d'en surveiller utilement les transmissions au milieu du mouvement d'actions ou d'obligations qui s'opère incessamment dans ses bureaux; que ces transmissions d'une part sont trop nombreuses pour que la surveillance ne soit pas trompée; que d'autre part, le terme de cette surveillance serait indéfini et obligerait l'agent de change pendant dix ans, vingt ans, et jusqu'au terme de la prescription trente-naire, ce qui rendrait la surveillance vraiment im-praticable; considérant que de nombreuses contes-tations se sont élevées, à cet égard, entre les agents de change et les propriétaires de titres volés ou per-dus, qu'en suivant la série de ces contestations, on voit que c'est en quelque sorte les agents de change eux-mêmes qui ont indiqué la signification indivi-duelle de la perte ou du vol comme le moyen unique de surveillance sur les ventes par eux opérées, que si

aujourd'hui ce moyen de provoquer cet examen pouvait être repoussé par eux, il deviendrait impossible au propriétaire dépouillé de rien faire pour arriver à suivre les titres enlevés ; que les valeurs volées ou perdues seraient aliénées sans aucun obstacle, et que la propriété mobilière, si considérable à cette heure, se trouverait dans cette situation que les officiers publics chargés par privilége d'en négocier la vente, seraient les agents directs et irresponsables de sa transmission frauduleuse ; considérant qu'il n'en peut être ainsi ; que les agents de change ne sont point admissibles à se prévaloir de ce qu'ils font beaucoup de ventes pour se dispenser de les surveiller ; que si leurs obligations s'étendent ainsi, leurs bénéfices suivent la même proportion et qu'il est inadmissible qu'un officier public puisse s'appuyer sur l'accroissement de ses profits pour restreindre sa responsabilité ; considérant d'ailleurs que cette responsabilité n'est point aussi lourde que le prétend l'intimé ; que la première et la souveraine garantie pour l'agent de change est dans la situation personnelle du client pour lequel il agit ; que lorsque le client est honorable et solvable, l'officier public trouve là une certitude que l'objet mis en vente n'est ni volé, ni perdu, et que, dans l'hypothèse contraire, l'action en revendication serait supportée par le détenteur et non par l'agent de change ; que l'examen se réduit donc au cas où le client est inconnu ou ne présente pas de suffisantes garanties, considérant que, d'autre part, la surveillance ne doit

pas être indéfiniment exercée, que l'action en revendication ne durant que trois années, le dommage
résultant de la vente s'arrête à la même limite et
l'obligation de l'agent de change s'éteint par la même
raison ; considérant que les cas où le propriétaire
de titres volés ou perdus croit devoir faire les frais
de signification individuelle à tous les agents de
change étant nécessairement très-rares et la durée de
leur effet étant limitée, l'obligation imposée auxdits
agents est loin d'être difficile à remplir, que d'ailleurs
elle est une conséquence légitime du droit qu'ils
exercent à titre de privilége et dont ils ne peuvent
garder les avantages sans en accepter les inconvénients. »

52. La jurisprudence avait même été plus loin.
Un jugement rendu en dernier ressort par le tribunal civil de la Seine, le 25 août 1859, avait décidé
qu'une opposition faite au syndicat des agents de
change suffisait. Le pourvoi contre ce jugement fut
rejeté par arrêt de la chambre des requêtes du 10 juillet 1860 (Sirey, 60, I, p. 861) par ce motif « qu'en déclarant que dans ces circonstances, Genty de Bussy
avait privé Clément de rentrer en possession desdites obligations et qu'ainsi sa responsabilité se trouvait engagée, le jugement attaqué n'avait fait qu'apprécier souverainement, mais d'ailleurs justement et
légalement, les faits de la cause et que loin d'avoir
violé les art. 1382 et 1383 du Code Napoléon, il en
avait fait une juste application. »

La même solution a été adoptée par un arrêt de la

Cour de Paris du 16 mai 1862 confirmant un jugement du tribunal civil de la Seine du 9 janvier de la même année et fondé sur les motifs suivants (Sirey, 62, II, p. 439) : : « Considérant qu'il est constant que le lendemain du vol, Marlet a formé opposition entre les mains du syndic des agents de change au transfert des titres détournés et a adressé à tous les agents de change de Paris une lettre-circulaire contenant l'avis de l'opposition ci-dessus énoncée et les numéros des obligations ; considérant que néanmoins Sauvage a vendu à la Bourse du 4 janvier suivant les obligations dont s'agit sur la demande d'un individu qui ne lui était pas connu, et lui a remis dès le lendemain même le produit de la négociation, sans avoir égard à la lettre-circulaire qui lui avait été adressée et dont il ne lui a pas été possible de nier la réception ; considérant, en supposant même que la lettre-circulaire ne lui fût pas parvenue que, l'ignorance où il était de l'individualité et de la solvabilité du porteur des obligations lui faisait un devoir de s'assurer s'il n'existait pas au syndicat de la compagnie une opposition à la négociation ; considérant qu'il importe peu que les titres ne fussent pas nominatifs, la loi autorisant la revendication pendant trois années de tous objets mobiliers volés et aucun doute ne pouvant s'élever sur l'identité des valeurs réclamées ; considérant que de ce qui précède, il résulte que Sauvage a, par sa négligence, privé Marlet de la faculté de rentrer en possession des obligations qui lui avaient été volées, et lui a ainsi causé un préjudice dont il lui doit réparation aux termes de l'article 1382 du Code Napoléon ; considérant qu'alors même que le registre des oppositions ayant existé au secrétariat du syndicat des agents de change destiné à faciliter les vérifications aurait cessé d'être tenu, cette mesure regrettable ne saurait affranchir les officiers publics chargés de pourvoir à la négociation régulière des valeurs cotées à la Bourse, des obligations de prudence qui dérivent tout à la fois de la nature des fonctions qui leur ont été confiées dans un intérêt général et des règles du droit commun. » La Cour de Paris a rendu une décision analogue le 17 juin 1863 (Sirey, 63, II, p. 175).

Il est assez difficile de tirer de ces arrêts un principe juridique nettement formulé. En ce qui concerne le premier notamment, quoiqu'il émane de la Cour suprême, il ne faut pas, croyons-nous, y attacher trop d'importance. La Cour ne pouvant en effet statuer qu'en droit devait se trouver assez embarrassée pour casser une décision qui en définitive n'avait statué qu'en fait et avait apprécié plus ou moins exactement les circonstances pouvant faire peser une certaine responsabilité sur l'agent de change. Quant aux deux autres décisions, elles visent bien le fait qu'une circulaire a été adressée à tous les agents de change et regrettent que la chambre syndicale ait cessé de tenir le registre des oppositions qu'elle tenait primitivement ; mais, à côté de ces circonstances, se placent des faits qui auraient dû éveiller l'attention de l'agent de change. S'il est en faute, ce n'est pas tant pour n'avoir pas tenu compte de la circulaire qui lui aurait été adressée que pour avoir négligé de s'assurer de l'individualité et de la solvabilité de la personne qui s'était présentée à lui pour négocier les titres. Nous croyons que c'est là la véritable doctrine, aucune loi n'impose au syndic de prévenir ses confrères des oppositions qu'il a pu recevoir, que si la tenue du registre des oppositions était une chose bonne en elle-même, ce n'était qu'une pure complaisance de la chambre syndicale, qu'elle n'y était pas obligée légalement et a, par conséquent, pu abandonner cette pratique quand elle l'a voulu et que toute la question est de savoir si, en fait, l'agent de change a été négligent ou imprudent.

53. Une autre question pour laquelle nous donnerons une décision analogue, est celle de savoir si l'agent de change doit s'assurer non-seulement de l'individualité de la personne, mais encore de sa capacité ? La Cour de cassation a décidé la négative dans un arrêt du 8 août 1827 par les motifs suivants : « vu les art. 15 et 16 de l'arrêté du 27 prairial an X ; considérant que la responsabilité des agents de change ainsi que celle de tous les fonctionnaires ou autres officiers publics, est limitée aux cas et aux seuls cas spécifiés dans les lois qui déterminent la nature et l'étendue de leurs obligations envers le gouvernement ou le public ; que d'après l'art. 15 de l'arrêté du 27 prairial an X, les agents de change doivent certifier l'identité du propriétaire de la

rente, la vérité de sa signature, ainsi que celle des pièces produites; et qu'aux termes de l'art. 16 ils sont responsables de ces faits ; et que ni cet arrêté, ni aucune loi, ni aucun règlement ne les obligent à attester la capacité civile de leurs clients, et ne les rendent responsables des erreurs qu'ils pourraient commettre à ce sujet, qu'ainsi en imposant cette obligation et cette responsabilité au sieur Vandermarcq qui en était affranchi d'après les art. 15 et 16 de l'arrêté de prairial, l'arrêt attaqué a violé ces articles... » (Dev., *Col. nouv.*, I, p. 664).

Plus récemment, le tribunal civil de la Seine s'est, dans un jugement du 6 août 1873, prononcé en sens contraire par les motifs suivants (*Droit*, du 4 septembre 1873) : « attendu qu'il est constant que la femme Marcus a disparu en 1870 du domicile conjugal en emportant des valeurs mobilières appartenant à son mari; attendu qu'une partie de ces valeurs ont été vendues par la femme Marcus par l'intermédiaire de Mallet, agent de change au Havre; attendu que Mallet ne connaissait pas la femme Marcus; que son attention aurait dû être éveillée par ce fait, que la femme Marcus après avoir vendu un seul titre s'est présentée deux jours après pour vendre les autres, qu'il devait s'assurer de sa capacité d'aliéner ; qu'en ne remplissant pas ce devoir, il a commis une négligence qui le rend responsable vis-à-vis du mari de la valeur des titres vendus par son entremise. »

Nous croyons que ces deux décisions ne sont pas

aussi contraires qu'elles le semblent au premier abord. Nous pensons en effet que c'est avec raison que la Cour de cassation a décidé que l'agent de change n'était pas obligé en général d'attester la capacité civile de son client, mais il est des circonstances où sa défiance doit être éveillée et où il doit s'assurer de cette capacité. Lorsque, comme dans la dernière espèce que nous venons de citer, les titres à vendre lui sont apportés par une femme qu'il ne connaît pas, il commet une faute s'il ne s'enquiert pas si cette femme a ou non la capacité d'aliéner.

54. L'agent de change qui est déclaré responsable a un recours contre le banquier qui a servi d'intermédiaire. C'est ce qui résulte de deux arrêts de la Chambre des requêtes du 7 août 1873 (*Gaz. trib.*, 11 et 12 août 1873), qui a résolu affirmativement par l'admission des pourvois les deux questions suivantes : 1° l'agent de change qui a vendu à la Bourse des titres volés et qui, en réparation de la faute qu'il a commise, est condamné à rembourser la valeur de ces titres au propriétaire à qui ils ont été soustraits, a une action récursoire contre le banquier de qui il les a reçus, encore bien que celui-ci, les tenant lui-même d'un correspondant pour les négocier, les ait remis de bonne foi à l'agent de change et en ait, après la vente, réglé le produit à ce correspondant. 2° L'agent de change a surtout cette action récursoire contre le banquier qui l'a chargé de vendre des titres volés, et à qui il en a d'avance payé la valeur, si, prévenu à temps par le confrère à qui il les avait of-

ferts en vente, il les a retenus pour les garder à la disposition du propriétaire.

SECTION II

RESPONSABILITÉ DES CHANGEURS

55. Nous avons déjà parlé de cette responsabilité lorsque nous avons examiné la question de savoir si la boutique d'un changeur était ou non un marché public destiné à l'achat ou à la vente des titres au porteur. Il est évident que si l'on résout cette question affirmativement, le changeur ne peut être déclaré responsable, mais nous nous sommes prononcés pour la négative et nous devons examiner dans quelle mesure une responsabilité peut peser sur le changeur. Une jurisprudence unanime décide que cette responsabilité est régie par les règles du droit commun et qu'elle sera encourue toutes les fois que le changeur aura commis quelque imprudence. Nous avons parlé plus haut (n° 46) du jugement du tribunal civil de la Seine du 16 novembre 1854 qui avait considéré la boutique d'un changeur comme un marché public et avait, à cause de cela, exonéré le changeur de toute responsabilité. Ce jugement fut infirmé par arrêt de la Cour de Paris du 25 août 1855 (Sirey, 57, I, p. 173), par le motif que le changeur n'avait pas pris toutes les précautions nécessaires et le pourvoi contre cet arrêt fut rejeté par arrêt de la chambre

civile du 17 novembre 1856. Une solution analogue a été donnée par un jugement du tribunal civil de la Seine, confirmé par un arrêt de la Cour de Paris du 10 novembre 1858 (Sirey, 58, II, p. 661). Le jugement du 20 août 1863 que nous avons cité plus haut (n° 46) a décidé que les changeurs étaient en faute pour avoir acheté des titres d'une femme mariée sans s'assurer qu'elle était munie de l'autorisation de son mari. On ne peut trouver comme contraire à ces décisions un jugement du tribunal civil de la Seine (*Gaz. trib.*, 15 juillet 1864) qui repousse l'action intentée contre un changeur parce qu'il avait pris toutes les précautions nécessaires.

La jurisprudence a persisté dans ce système et nous le voyons consacré dans deux jugements du tribunal de commerce de la Seine, l'un du 4 septembre 1872 (Dalloz, rec. per., 73, III, p. 87) et l'autre du 20 septembre 1873 (*Droit*, 28 septembre 1873). Dans le même sens on peut citer encore un arrêt de la Chambre des requêtes de la Cour de cassation rendu dans les circonstances suivantes : Un neveu ayant volé des valeurs pendant la maladie de son oncle et les ayant vendues à un changeur, le tribunal de la Seine condamna le changeur à la restitution de ces valeurs. Ce jugement fut confirmé sur appel par arrêt de la Cour de Paris du 22 avril 1870 qui décida que la revendication était autorisée aux termes de l'art. 2279 du Code civil; que les valeurs volées avaient été achetées par Monteaux ailleurs qu'en Bourse ou en marché public, sans avoir suffisamment vérifié leur provenance légitime, alors que Mercier domicilié dans le Loiret les venait offrir en vente comme ayant appartenu à une succession, que cette circonstance aurait dû éveiller sa prudence, etc. » Le pourvoi contre cet arrêt fut rejeté par arrêt du 20 août 1872 (Dalloz, rec. per., 73, I, p. 481).

Enfin, pour terminer, nous citerons un arrêt de la Cour de Rouen du 12 mars 1873 (Sirey, 73, II, p. 80), rendu après renvoi de la Cour de cassation et où l'on remarque les motifs suivants : « considérant, quant à la faute professionnelle, que les changeurs n'ont plus aujourd'hui le caractère d'officiers publics qui leur appartenait autrefois, que les formalités auxquelles les astreint le décret du 21 mai 1791 se rapportent d'ailleurs uniquement aux opérations de change sur les matières d'or et d'argent et que si, à côté de leur profession principale, il leur convient de se livrer à un négoce sur les marchandises d'une nature particulière, ils l'exercent en toute liberté, n'ayant pour ce commerce, d'autres obligations que celles qui résultent pour les commerçants de la loi générale ; considérant, quant à la faute de droit commun, que les titres au porteur sont des meubles dont on est présumé propriétaire dès qu'on les possède ; que nul n'est tenu de demander à ceux qui les offrent en vente, l'origine et la justification du droit en vertu duquel il les détient. »

CHAPITRE IV

DROITS DU PROPRIÉTAIRE DÉPOSSÉDÉ VIS-A-VIS DES COMPAGNIES QUI ONT ÉMIS DES TITRES PERDUS OU VOLÉS

56. Nous venons de voir que bien souvent le propriétaire d'un titre verra sa demande repoussée à l'égard du tiers possesseur soit par la règle de l'article 2279, soit par l'exception de l'art. 2280. Dans ces cas, aura-t-il une action contre les compagnies ayant émis les titres? A côté du cas de perte ou de vol, nous devons examiner en même temps une hypothèse dont nous n'avons pas eu à nous occuper jusqu'à présent, celle de la destruction, mais il arrivera rarement que cette destruction soit prouvée d'une manière péremptoire et alors nous examinerons les mesures qu'on peut prendre pour garantir les compagnies contre l'éventualité de la représentation des titres présumés perdus.

Dans l'ancien droit, cette question était résolue par l'art. 19, titre V, de l'ordonnance sur le commerce de 1673 : « Au cas que la lettre adirée soit payable au porteur ou à ordre, le payement n'en sera fait que par ordonnance du juge, et en baillant caution de garantir le payement qui en sera fait. » Le Code de commerce n'a pas reproduit cette disposition et son silence est d'autant plus significatif que l'art. 150 ne diffère pas sensiblement de l'art. 18 de l'ordonnance qui était ainsi conçue : « La lettre de change payable à un particulier et non au porteur ou à ordre, estant adirée, le payement en pourra être poursuivi et fait en vertu d'une seconde lettre, sans donner caution et faisant mention que c'est une seconde lettre, et que la première ou autre précédente demeurera nulle. » Malgré ce silence, M. Flandin, dans une savante dissertation qui a paru dans la *Revue critique* (t. XIII, p. 419) voudrait appliquer les dispositions du Code de commerce concernant les lettres de change aux titres au porteur. Mais, comme le fait remarquer avec raison M. Buchère dans son *Traité théorique et pratique des valeurs mobilières* (p. 411) : « l'analogie entre les titres au porteur et les lettres de change est très-contestable. La lettre de change contient le nom du bénéficiaire et ne peut être transmise qu'à l'aide d'un endossement régulier portant la signature de l'endosseur et le nom de celui auquel elle est cédée; enfin, elle est prescriptible par cinq ans. Le titre au porteur, au contraire, ne porte aucune trace des personnes auxquelles il a pu être transmis; il n'a aucune individualité et ne peut être reconnu que par le numéro d'ordre; enfin, il n'est soumis à aucune prescription. »

57. Avant d'entrer dans les détails des règles relatives aux titres détruits, perdus ou volés, nous ferons remarquer que les questions que nous allons discuter ne concernent pas l'État. Une ordonnance du conseil d'État du 27 août 1840 avait décidé, il est

vrai, que l'arrêté du 3 messidor an XII qui permet de remplacer les inscriptions nominatives perdues ou volées n'était pas applicable aux inscriptions au porteur (Dalloz, rep. V° *Trésor public* n° 1132). Mais depuis, le Trésor a consenti à délivrer un titre nouveau moyennant un cautionnement en rentes nominatives sur l'État représentant le capital de l'inscription perdue et la somme de cinq années d'arrérages.

58. Les compagnies industrielles n'ont pas voulu suivre cet exemple et ont élevé la prétention de ne pas payer les coupons des titres perdus, en soutenant qu'elles ne devaient qu'au titre et non à la personne. Ce système a été d'abord accueilli par les tribunaux dans les circonstances suivantes : un sieur Frémeau prétendait avoir perdu pendant un voyage par lui fait au mois de décembre 1831, onze actions au porteur de la Caisse hypothécaire. Le 7 février 1832, il forma opposition entre les mains de ladite caisse à la délivrance de tout titre et au payement de tout dividende concernant les actions dont il s'agissait. Trois ans après, il réclama, de la caisse, la délivrance de nouveaux titres et le payement des dividendes arriérés, offrant de fournir à la caisse toutes les garanties qu'elle exigerait. Deux arbitres furent nommés, et furent d'avis qu'il n'y avait pas lieu à la délivrance de nouveaux titres, mais furent partagés sur la question du payement des dividendes. M. Pardessus, nommé tiers-arbitre, décida que, dans le silence du Code de commerce sur la perte des titres au porteur

on devait appliquer à l'espèce le principe sur lequel était fondé l'art. 19, titre V, de l'ordonnance de 1673 que nous avons cité plus haut ; que les intérêts afférents aux actions de la caisse hypothécaire étant payables par semestre, ils étaient frappés de prescription au bout de cinq années au terme de l'article 2277 du Code civil ; qu'il suffisait donc de donner à la caisse hypothécaire, pour cette période, toute garantie désirable contre les actions des porteurs qui pourraient se présenter.

Cette sentence fut infirmée par arrêt de la Cour de Paris du 18 juillet 1836 (Sirey, 37, II, p. 103), fondé sur les motifs suivants : « considérant que la propriété des actions au porteur se transmet par la simple tradition du titre ; que dès lors, celui qui ne peut représenter le titre n'en est plus réputé propriétaire à l'égard du débiteur, lequel, ne devant qu'au titre, ne doit qu'à celui qui le représente ; qu'une société qui établit ses actions sous la forme de titres au porteur, a voulu par là se dispenser de suivre la transmission successive des titres entre les mains des divers détenteurs, et éviter de prendre part aux contestations qui pourraient s'élever sur la propriété de ces titres, qu'elle a voulu ainsi assurer la libre circulation de ses actions, et que c'est sous la foi de ces engagements respectifs que la société a été formée ; que celui qui a consenti à prendre des actions au porteur a su que la société n'était obligée qu'au titre et a volontairement couru les risques de sa perte ; que, pour exercer son action contre le détenteur du titre qu'il a perdu, il peut sans doute prendre telles mesures conservatoires qui n'entraveront pas les opérations de la société; mais qu'à moins qu'il ne prouve que le titre a péri entre ses mains, il n'a aucune action contre la société soit pour s'en faire reconnaître propriétaire, soit pour s'en faire payer conditionnellement les dividendes et ne peut engager la société dans des mesures que ses statuts n'autorisent pas et dans des contestations qu'elle a voulu éviter avec les porteurs qui auraient pu se présenter.

Le sieur Frémeau se pourvut contre cet arrêt en se fondant sur la violation de l'art. 19, tit. V de l'ordonnance de 1673 auquel, disait-il, le Code de commerce n'avait apporté aucune dérogation. Ce pourvoi fut rejeté par arrêt de la chambre des requêtes du 5 décembre 1837 (Sirey, 38, I, p. 329), ainsi motivé : « Attendu qu'aux termes de l'art. 2 du 15 septembre 1807, toutes les anciennes lois touchant les matières commerciales, sur lesquelles il a été statué par le Code de commerce ont été abrogées; qu'ainsi l'art. 19 du tit. V de l'ordonnance de 1673 ne pouvait recevoir d'application au procès, attendu d'ailleurs, qu'il s'agissait dans cette disposition de l'ordonnance de 1673, de lettres et billets de change et non d'actions d'un établissement de commerce, payables au porteur. »

Je ferai remarquer dans l'arrêt de la Cour de Paris le considérant par lequel elle déclare que si le propriétaire prouvait que le titre avait péri entre ses mains, il aurait action contre la société. Ce considérant affaiblit singulièrement le principe que la Compagnie ne doit qu'au titre, car si le propriétaire donne des garanties suffisantes pour le cas où le titre se trouverait entre les mains d'un tiers de bonne foi la Compagnie ne se trouverait-elle pas suffisamment protégée? La société n'a pas à examiner quel est le véritable propriétaire du titre, puisqu'au moyen du cautionnement qui lui serait donné, son intérêt serait garanti. La société ne doit qu'au titre en ce sens que si le titre lui est présenté avant toute opposition elle doit payer.

59. La jurisprudence a résisté longtemps à cette solution, mais elle a abandonné bien vite la rigueur de l'arrêt de 1836. Quelques années plus tard, la Cour de cassation elle-même admettait que le propriétaire d'actions au porteur qui avait perdu ses titres n'avait pas perdu tous ses droits. Le général de Ponthon ayant été volé par son domestique de dix actions du Phénix intenta contre cette Compagnie une demande afin de délivrance de nouveaux titres. Le 7 février 1838, le tribunal de commerce de la Seine se déclara incompétent par les motifs suivants : « Attendu qu'en sa qualité d'actionnaire, de Ponthon a le droit de réclamer, de la Compagnie du Phénix, la délivrance d'autres titres contre toute garantie suffisante que la compagnie pourra exiger de lui ; considérant sur le fond et attendu sa qualité d'actionnaire, que c'est par un tribunal arbitral qu'il y aura lieu de faire statuer sur la manière dont les nouveaux titres pourront être délivrés à de Pon-

thon, ainsi que sur les garanties qui pourront être exigées de lui. » Ce jugement fut confirmé purement et simplement par arrêt de la Cour de Paris du 3 juillet 1838 qui fut déféré à la Cour de cassation. Le pourvoi fut rejeté par les motifs suivants par arrêt de la chambre civile du 15 novembre 1841 (Sirey, 41, I, p. 829) : « Attendu que le fait de l'acquisition des dix actions dont il s'agit, avait constitué le baron de Ponthon actionnaire et propriétaire desdites actions, attendu que ledit général n'a pas perdu cette qualité par la privation résultant du vol à lui fait le 10 mars 1836 et que l'arrêt de la Cour d'assises de Paris a constaté par la condamnation qu'il a prononcée contre Sollier ; attendu que, dans l'état de la cause l'arrêt attaqué a pu confirmer le jugement par lequel le tribunal de commerce avait dit se reconnaître incompétent et renvoyer les parties devant arbitres. »

M. Delangle dit, à propos de cet arrêt, dans son *Traité des sociétés commerciales*, t. II, n°s 469 et 470, p. 44 et 45 : « quand la force majeure est prouvée, quand personne ne représente les actions, et que l'actionnaire dépouillé se soumet à donner à la société des garanties contre le danger de payer deux fois il n'y a pas d'inconvénient à lui rendre sa position originaire. Le système contraire n'aurait d'autre résultat que de conférer à la société le produit éventuel du vol ; il blesse la raison et l'équité. » M. Hello, avocat général, avait insisté sur ce point qu'il ne s'agissait que d'une question de compétence et que

la décision de la Cour ne préjugeait pas le fond.
Cependant il nous semble que cette décision ne pourrait se comprendre si l'on admettait le principe posé
par la Cour de Paris dans son arrêt du 23 juillet 1836
que les compagnies ne doivent qu'au titre. Si vous
ne devez qu'au titre, l'actionnaire auquel il a été
enlevé n'a plus aucune espèce de droit. Nous devons
ajouter que le tribunal arbitral condamna la compagnie du Phénix à payer à M. de Ponthon les intérêts et dividendes échus et à échoir et à lui remettre
de nouveaux titres dont il serait admis à disposer, le
tout sous bonne et valable caution.

60. La jurisprudence devait persévérer dans cette
voie. Sur la demande d'un sieur Vazieux, auquel différentes valeurs au porteur avaient été soustraites
frauduleusement, le tribunal civil de la Seine rendit
le 1ᵉʳ avril 1853 un jugement par lequel il ordonna le
dépôt à la caisse des Dépôts et Consignations de Paris
des intérêts et dividendes échus et de ceux à échoir,
au fur et à mesure de leurs échéances. Il était fondé
sur les motifs suivants : « Attendu que, bien qu'il
s'agisse d'un événement de force majeure qui fait
exception aux règles ordinaires, cependant, en raison de la nature toute spéciale des titres au porteur,
et de la facilité de leur transmission sans aucun acte
de transfert, Vazieux n'est pas en droit d'exiger des
compagnies la délivrance de duplicatas qui ne ren-
draient pas impossible la représentation ultérieure par
des tiers de bonne foi des titres perdus; mais attendu,
quant aux intérêts et dividendes produits par [les-

dites actions et obligations, que la consignation effectuée à chaque échéance garantira suffisamment la responsabilité des compagnies; que les sommes en provenant pourront en être touchées à mesure que la prescription de cinq ans sera acquise contre les tiers porteurs. » Ce jugement fut confirmé purement et simplement par arrêt de la Cour de Paris du 27 février 1854 (Sirey, 54, II, p. 355). Une décision analogue fut rendue le 29 juillet 1857 par la Cour de Paris confirmant un jugement du tribunal civil de la Seine du 21 novembre 1855 (Sirey, 57, II, p. 636).

61. On vient de voir que la jurisprudence admettait le payement des coupons des titres perdus ou volés, mais refusait de condamner les compagnies à délivrer de nouveaux titres. Ceci avait pourtant été admis par jugement du tribunal civil de la Seine confirmé purement et simplement par arrêt de la Cour de Paris du 24 juillet 1858 (*Journal du Palais,* 1858, p. 1095). Le tribunal se fondait sur les motifs suivants : « Attendu qu'il est constant que, dans le courant d'août 1856, Troyaux demandeur a été victime d'un vol commis à son préjudice; que ce dessaisissement ne saurait invalider sa condition de propriétaire, et qu'il y a lieu de le mettre en tel état qu'il puisse exercer ses droits aux titres qui lui ont été soustraits ; attendu, toutefois, qu'il convient d'ordonner telle mesure qui ne serait pas de nature à porter préjudice aux sociétés dont les titres ont été soustraits dans les mains de Troyaux, que ce but sera rempli en ordonnant que le jugement à inter-

venir vaudra titre aux mains du demandeur ; que les intérêts et dividendes afférents aux actions et obligations dont s'agit seront déposés à la caisse des Dépôts et Consignations pour être délivrés à Troyaux après un délai de cinq années du jour de leur échéance, et sur la production du présent jugement ; qu'après le délai de trente années, ledit jugement sera remplacé par des titres définitifs qui reconstitueront après cette prescription légale, Troyaux dans le même et semblable état où il se trouvait avant l'événement qui l'a dessaisi du titre en raison desquels il forme instance. »

Un jugement du tribunal civil de la Seine du 9 octobre 1863 avait adopté la même solution, mais il fut infirmé par un arrêt de la Cour de Paris du 13 mai 1865 (Sirey, 65, II, p. 153) ainsi motivé : « Considérant que le propriétaire d'une action dans une Société de commerce ne peut en réclamer la valeur à la Société débitrice tant que subsiste la Société ; et qu'il est de principe consacré par l'art. 2257 du Code Napoléon que la prescription ne court pas contre qui n'est pas libre d'agir ; que c'est une erreur de prétendre que le silence gardé pendant trente ans à dater de ce jour, par le détenteur de l'action perdue, qui se serait abstenu, pendant ce même laps de temps, d'en réclamer les dividendes et intérêts, suffisent pour mettre la compagnie du chemin de fer du Nord à l'abri de toute poursuite de la part de ce dernier, parce que si la prescription peut courir pour les dividendes et intérêts exigibles chaque année,

elle demeure suspendue, ainsi qu'on vient de le dire,
pour le capital de l'action, tant que le droit de le réclamer n'est pas ouvert ; que c'est une autre erreur
de dire que si la prescription trentenaire ne peut
courir au profit de la société débitrice, il n'en saurait
être de même à l'égard de la demoiselle Boullanger,
propriétaire originaire de l'action et détentrice d'un
nouveau titre, s'agissant, relativement à elle, non de
prescription libératoire, mais de prescription à l'effet d'acquérir, pouvant s'établir par le fait seul de la
possession sans trouble ; qu'à ce point de vue même
la possession de la demoiselle Boullanger serait vicieuse, puisqu'elle n'aurait entre les mains qu'un titre
précaire et subordonné, quant à la propriété de l'action, au titre original pouvant se trouver aux mains
d'un détenteur de bonne foi ; que sous un autre rapport, aucune prescription ne saurait courir au profit
de la demoiselle Boullanger contre ce possesseur de
bonne foi, qui, détenteur d'une obligation, et devant
se croire, en raison même de la nature du titre, propriétaire légitime et incommutable de cette action,
n'a et ne peut avoir d'actes conservatoires à exercer
au regard de la demoiselle Boullanger, qu'il ne connaît pas ; considérant enfin, que la prescription
trentenaire, en la supposant même, contre toute
évidence, admissible dans la cause, pourrait être suspendue par des minorités, conformément à l'article 2252 du Code Napoléon, et qu'ainsi la Compagnie débitrice ne serait pas garantie par le legs de
trente ans, comme l'ont décidé les premiers juges,

contre l'action du tiers possesseur de bonne foi. »

62. Les raisons invoquées pour justifier le refus de délivrance d'un nouveau titre sont vraies en elles-mêmes, il est évident que le tribunal civil de la Seine en disant qu'il pouvait y avoir lieu à prescription trentenaire avait commis une erreur; mais la Cour allait trop loin, suivant nous, en autorisant la compagnie à refuser la délivrance de nouveaux titres malgré l'offre qu'on lui faisait de fournir caution pour le cas où un tiers de bonne foi se présenterait porteur des anciens titres. Mais quel intérêt aura alors le propriétaire qui aura perdu ses titres à s'en faire délivrer de nouveaux : Supposons quelqu'un ayant perdu cent obligations 3 pour cent, la compagnie pourra exiger un cautionnement de cent obligations plus vingt obligations pour couvrir les intérêts pendant cinq ans et alors on pourra toucher les intérêts des obligations perdues, plus ceux des obligations déposées et par conséquent les revenus du propriétaire dépossédé ne seront pas diminués. Si les valeurs baissent, la compagnie pourra exiger un supplément de cautionnement, de même, si elles sortent par voie de tirage au sort. En outre le propriétaire pourra disposer des nouveaux titres pour les négocier et, s'il vient à mourir, ses héritiers ne seront pas frustrés comme s'il n'y avait aucune trace des valeurs perdues. Enfin, s'il y a un amortissement par voie de tirage au sort, le capital, pouvant être réclamé à la compagnie, la prescription commencera à courir et, au bout de trente ans, le propriétaire pourra toucher.

Pour terminer l'examen de la jurisprudence, nous devons citer encore deux décisions sur lesquelles nous n'insisterons pas, car les systèmes qu'elles consacrent ont été promptement abandonnés. Un jugement du 14 février 1853 (Dalloz, rec. per., 54, III, p. 18) reconnaît à celui qui a perdu les titres le droit de s'en faire délivrer de nouveaux nominatifs. Un autre jugement du 28 février 1849 (*Gaz. trib.*, 1er mars 1849) décide qu'après dix ans l'on pourra délivrer de nouveaux titres.

RÉSUMÉ

63. Tel était l'état de la législation et de la jurisprudence sur les droits du propriétaire de titres au porteur qui s'en trouvait dépossédé. On appliquait à ces titres les art. 2279 et 2280 du Code civil. Pour ce dernier article, on considérait seulement comme marchés publics les Bourses françaises et étrangères, et on refusait cette qualification aux comptoirs des changeurs. Ceux-ci n'étaient pas généralement considérés comme des marchands de choses semblables. Les agents de change et les changeurs pouvaient être déclarés responsables, lorsqu'ils n'avaient pas pris les précautions nécessaires pour s'assurer de l'individualité et de la capacité de leurs vendeurs. Enfin les compagnies pouvaient être forcées de payer les intérêts et dividendes moyennant caution ou après l'expiration d'un délai de cinq ans, mais ne

póuvaient être contraintes de délivrer des duplicatas des titres perdus ou volés.

64. Cette jurisprudence était l'objet des plus vives critiques.

MM. Flandin (*Revue crit.*, t. XIII), et Vincent) *Revue prat.*, t. XIX, p. 492) faisaient remarquer que c'était sans aucun droit, que les compagnies refusaient la délivrance de nouveaux titres contre des garanties suffisantes. M. Vincent pensait en outre que la loi à intervenir devrait avoir un effet rétroactif et que le propriétaire dépouillé avant sa promulgation pourrait se faire délivrer des duplicatas de ses titres.

M. Buchère voulait que les compagnies fussent forcées, même dans le cas où le propriétaire ne pourrait pas fournir des garanties suffisantes, de lui délivrer un nouveau titre inaliénable de façon à ce que s'il venait à mourir, ses héritiers ne fussent pas dépossédés.

M. Bogelot (*Revue de droit commercial*, 1864, t. II), traçant le programme de la loi nouvelle, disait qu'elle devrait « protéger plus efficacement le propriétaire dépossédé ; ne pas donner d'inquiétude aux tiers porteurs ; ne nuire en aucune façon aux compagnies. » Faisant ensuite justice de la prétention des compagnies qui disaient ne devoir qu'au titre, il montrait que le titre n'était que le signe de la propriété et qu'il serait d'une bonne loi de faire rentrer au plus tôt le propriétaire dans la jouissance de cette propriété « 1° dans son intérêt, que la loi devait avoir en vue comme celui de tout citoyen, 2° dans l'intérêt

de tous, en rendant plus vite à la circulation et au
mouvement général des affaires des capitaux impro-
ductifs, 3⁰ dans l'intérêt du fisc en multipliant les
droits qu'il prélève à chaque mutation de propriété. »
Il faisait ensuite observer que peu importait que le
tiers porteur se trouvât en présence du propriétaire
au bout de trente ans ou au bout de trois ans et que
dans tous les cas il serait protégé s'il avait acheté à
la Bourse. Les compagnies ne verraient pas leurs
intérêts compromis, puisque, dans tous les cas, elles
ne devraient qu'à un seul titre. Enfin, si l'on avait
édicté la prescription de trois ans pour les autres
meubles, c'était à cause de la difficulté d'en suivre
la transmission de mains en mains. Mais ici, les dividendes se touchant tous les six mois, le tiers porteur se trouverait en présence du propriétaire et
pourrait lui faire connaître de qui il tenait son titre.
M. Bogelot se prononçait aussi pour la rétroactivité
de la loi. Le propriétaire y avait intérêt ; la compagnie ne courait aucun danger, si elle mentionnait les
titres existant en duplicata et exigeait la présentation du titre au moment de la présentation du cou-
pon et affichait les titres en duplicata. Le possesseur
de mauvaise foi n'était pas digne d'intérêt ; quant
au possesseur de bonne foi, il serait protégé s'il avait
acheté en Bourse, sinon il n'avait qu'à se reprocher
à lui-même sa propre imprudence.

DEUXIÈME PARTIE

ÉTUDE DE LA LOI DU 15 JUIN 1872

65. Nous venons de voir que tous les jurisconsultes qui s'étaient occupés des titres au porteur signalaient les lacunes de la législation existante et les inconvénients de la jurisprudence adoptée. Avant de voir comment furent comblées ces lacunes et quels remèdes furent apportés à ces inconvénients, il est nécessaire de montrer comment l'attention du législateur fut appelée sur ce point. Nous diviserons donc cette partie en trois chapitres : dans le premier nous exposerons les tentatives qui furent faites avant le 15 juin 1872 pour faire modifier l'état de notre législation, dans le deuxième nous parlerons de la présentation de la loi, de sa discussion et de son vote et enfin le troisième sera consacré à l'examen critique des principales dispositions de cette loi.

CHAPITRE PREMIER

HISTORIQUE DES TENTATIVES FAITES POUR APPELER L'ATTENTION DU LÉGISLATEUR SUR LA SITUATION DU PROPRIÉTAIRE DE TITRES AU PORTEUR DÉPOSSÉDÉ

66. C'est à M. Troyaux à propos duquel a été rendu le jugement que nous avons cité plus haut (n° 61),

qu'appartient l'honneur d'avoir provoqué l'examen par le législateur de ces questions si intéressantes. Il s'adressa d'abord aux journaux : dans une lettre qui parut dans *le Siècle* du 6 novembre 1860, ildéclarait offrir une prime de 400 fr. à l'auteur du meilleur mémoire sur les titres au porteur perdus ou volés. Cet appel fut entendu : plusieurs mémoires furent rédigés et une commission fut formée, sous la présidence du regretté M. Odilon Barrot, pour les examiner.

67. Le rapport fut fait, au nom de cette commission, par un avocat dont la mort a laissé au palais de nombreux regrets, quoique depuis quelque temps il n'appartînt plus au barreau, M. Cuzon. Ce rapport parut dans *le Siècle* du 14 mai 1861. Onze mémoires avaient été envoyés à la commission. Après avoir exposé l'état de la jurisprudence, le savant rapporteur passait à l'analyse des mémoires. Six étaient écartés comme insuffisants. Les cinq autres étaient unanimes pour demander de nouvelles dispositions législatives. Suivant deux d'entre eux, ces dispositions devaient consister seulement dans l'insertion d'un article entre les art. 2280 et 2281 du Code civil. D'après le premier mémoire cet article devait être ainsi conçu : « En cas de perte, de vol ou de destruction accidentelle, les titres et actions au porteur, productifs d'intérêts et dividendes, ou arrérages, perdus, seront remplacés et délivrés par duplicata au propriétaire dépossédé, lorsqu'il aura fourni la preuve de son droit. Toutefois ce remplacement n'aura lieu,

à l'égard des titres perdus ou volés qu'après cinq années révolues, à partir de la perte ou du vol, sans qu'il se soit présenté dans cet intervalle, un tiers porteur régulièrement nanti des titres, et entre les mains duquel aient pu être valablement payés les intérêts, dividendes ou arrérages échus. Quant aux titres détruits accidentellement, le remplacement pourra être immédiat ou différé jusqu'après les cinq années d'épreuves qui suivront l'accident, selon que le réclamant fera ou non la preuve complète de la dépossession survenue à son préjudice. »

L'auteur du second mémoire voulait porter la prescription à dix ans.

D'après l'auteur du troisième mémoire, le propriétaire dépouillé devrait s'adresser au Président du tribunal civil ou de commerce du siége de la société, suivant la nature du titre, exposer à ce magistrat, dans une requête, les motifs de sa demande et indiquer les preuves justificatives de son droit de propriété. Si les faits exposés étaient graves et vraisemblables, le Président rendrait une ordonnance autorisant à former la demande et à faire opposition entre les mains de la compagnie au payement des intérêts et dividendes et même du capital, dans le cas où le remboursement deviendrait exigible et serait demandé par le détenteur des titres perdus, volés ou anéantis. La demande serait publiée conformément à l'art. 42 du Code de commerce et extrait de la requête et de l'ordonnance affiché aux chambres des notaires et des avoués et au syndicat des agents de change. L'auteur de ce mémoire proposait de fixer la prescription à trois ans écoulés sans demande de payement de la part des tiers porteurs.

C'était aussi la solution réclamée par l'auteur du quatrième mémoire qui voulait également organiser un vaste système de publicité légale tendant à distinguer sur l'heure les numéros des titres disparus. Pour éviter l'encombrement des titres, l'auteur de ce mémoire voulait que les compagnies fissent tous les trois ans l'échange des titres au porteur.

Enfin l'auteur du cinquième mémoire, qui était un receveur d'enregistrement, proposait un système assez original. Il voulait que l'État prescrivît dans tous les bureaux d'enregistrement la tenue d'un registre semblable à celui des hypothèques sous le nom de registre des dépôts. Il y aurait également dans chaque bureau un sommier des pertes. Tout propriétaire de titres pourrait se faire assurer moyennant un droit fixe de vingt-cinq centimes; à mesure des déclarations de perte, le receveur en donnerait avis à ses collègues, à tous les syndics d'agents de change et à la compagnie émissionnaire des titres. Au bout de trois ans de l'accomplissement de ces formalités, les sociétés devraient délivrer au propriétaire légitime un duplicata du titre adiré, volé ou incendié et payer tant les coupons échus que ceux qui écherraient dans la suite.

Le rapport rappelait ensuite la décision rendue dans l'affaire de Ponthon et croyait qu'elle pouvait servir de point de départ aux solutions recherchées.

Après justification par le propriétaire de son droit et de la perte ou du vol et après certaines précautions faciles à réaliser, il pourrait être délivré moyennant caution un certificat nominatif provisoire. Les dividendes pourraient, dans les mêmes conditions, être payés au fur et à mesure de leurs échéances. Après trois ou cinq années, le propriétaire du titre adiré se pourvoirait devant qui de droit pour faire prononcer la déchéance du titre primitif, se faire délivrer un nouveau titre au porteur, et obtenir la décharge de son cautionnement. Pour parvenir à ce résultat, on trouverait dans la combinaison des moyens fournis par le premier et le troisième mémoire tous les éléments nécessaires. Le rapporteur terminait en conseillant à M. Troyaux de joindre les mémoires à la pétition qu'il se proposait d'adresser au Sénat.

68. Cette pétition fut examinée dans un rapport fait au Sénat par le savant et infortuné M. Bonjean et qui fut lu dans la séance du 2 juillet 1862.

Après avoir établi l'importance des titres au porteur dont il estimait la valeur en France à huit milliards de francs et rappelé leur origine, l'éminent rapporteur énumérait les fraudes qu'ils facilitaient et ajoutait avec éloquence : « Enfin, messieurs les sénateurs, tandis que la propriété foncière attachant l'homme au sol qui personnifie pour lui l'idée de la patrie, tend à exalter en lui les sentiments patriotiques, les valeurs au porteur tendent à faire de leurs propriétaires des êtres cosmopolites qui trouvent toujours une patrie partout où se trouve une Bourse où ils puissent trafiquer de leurs titres. A l'inverse de ce révolutionnaire célèbre qui, refusant de fuir devant le péril de l'échafaud, s'écriait : « On n'emporte pas sa patrie à la semelle de ses souliers, » celui qui a placé sa fortune en actions au porteur peut dire : « Moi, j'emporte ma patrie dans la poche de mon habit. » Et croyez-vous que s'ils eussent eu leur fortune en valeurs au porteur, nos immortels volontaires eussent senti pour le sol sacré de la patrie cet amour passionné qui les fit courir aux armes en 1814 comme jadis en 1792 ? » Cependant, tout en déplorant la trop grande extension des titres au porteur, le savant rapporteur reconnaissait qu'il y avait là une propriété qu'il était nécessaire de protéger et, après avoir exposé le système de la législation et de la jurisprudence, il examinait les inconvénients de ce système et les réformes que la loi pouvait y apporter.

Il commençait par faire valoir la malheureuse situation du propriétaire dépossédé, privé pendant cinq ans de ses revenus et pendant trente ans de la disposition de son capital et exposé au bout de ce temps à l'insolvabilité de la Compagnie qui avait émis les titres. Ces mesures étaient exigées dans l'intérêt du tiers porteur, mais était-il si digne d'intérêt ? Le silence observé à l'égard de la compagnie, ne pouvait s'expliquer que de deux manières, ou le titre n'existait plus, ou il était entre les mains d'un possesseur illégitime. Aucun principe de droit ne serait violé si on autorisait le propriétaire à mettre en demeure le tiers porteur en vertu de publications légales, comme cela se passait pour la purge des hypothèques légales de la femme mariée et du mineur.

Le regretté rapporteur exposait ensuite quelles devaient être les bases de la loi nouvelle : 1° le propriétaire dépossédé de ses titres par un fait quelconque présenterait requête au président du tribunal pour être autorisé à former opposition aux mains de la compagnie, opposition qui obligerait celle-ci à consigner les intérêts au fur et à mesure des échéances ; 2° le propriétaire ferait ensuite constater contradictoirement avec la compagnie, le procureur impérial entendu, sa propriété sur les titres perdus ainsi que les faits de perte, vol, ou destruction ; 3° le jugement serait publié au *Moniteur* et affiché dans toutes les Bourses de commerce ; 4° si dans les cinq ans qui suivraient cette publication nul tiers porteur ne se présentait, un second jugement, après avoir constaté l'accomplissement des publications, prononcerait la déchéance des anciens titres, et ordonnerait la délivrance des duplicatas qui remettraient le propriétaire dans le même état qu'après l'accident ; 5° si ces garanties n'étaient pas suffisantes, on pourrait y ajouter la faculté pour le juge, dans certains cas exceptionnels, de subordonner la délivrance du duplicata à une nouvelle publication et à un nouveau délai d'un an.

M. Bonjean ajoutait que cette loi ne devrait s'appliquer qu'aux valeurs françaises et aurait ainsi pour résultat indirect d'éloigner les valeurs étrangères. Il concluait au renvoi de la pétition aux trois ministres de la Justice, du Commerce et des Finances.

69. Ces conclusions furent adoptées sans discussion dans la séance du 3 février 1863, mais ce renvoi n'eut pas toutes les conséquences qu'on devait en attendre et nous voyons qu'en 1868 la question n'avait pas fait un pas, puisqu'à cette époque, une commission fut nommée par le ministre de la Justice pour étudier cette matière et, après plusieurs mois d'étude, elle conclut à ce qu'une série de textes ne consacrât les solutions principales qu'après controverse la jurisprudence avait adoptées et qu'on fît passer dans notre législation financière un système présenté par M. Léveillé, professeur à la Faculté.

Les études de cette commission ne devaient pas plus aboutir à un résultat pratique que le rapport de l'éminent M. Bonjean. Il fallait que des événements malheureux vinssent multiplier d'une façon effrayante le nombre des titres perdus ou volés pour qu'on se décidât à donner une forme législative à ces réformes si impatiemment attendues.

CHAPITRE II

PRÉSENTATION ET DISCUSSION DE LA LOI

70. Dans la séance du 27 juillet 1871, M. Dufaure, ministre de la Justice, présenta à l'Assemblée nationale le projet de loi suivant :

SECTION PREMIÈRE

DE LA PRESCRIPTION DES TITRES AU PORTEUR

Art. 1er. L'action en payement des intérêts et dividendes afférents aux titres au porteur, émis par les sociétés et autres établissements ayant leur siége principal en France, se prescrit par trois ans. — L'action en remboursement du capital des mêmes titres se prescrit par cinq ans à compter du jour où le capital est devenu exigible par suite du tirage au sort ou autrement. — Ces prescriptions courent contre les mineurs, les interdits et les femmes mariées, même sous le régime dotal, sauf le recours contre les tuteurs ou maris. — Les prescriptions commencées avant la promulgation de la présente loi, et pour lesquelles il aurait fallu plus de trois ou cinq ans, sont accomplies par ce laps de temps.

SECTION II

DES TITRES AU PORTEUR VOLÉS OU DÉTRUITS

Art. 2. Le propriétaire de titres au porteur, qui en est dépossédé par quelque événement que ce soit peut se faire restituer contre cette perte dans la mesure et sous les conditions déterminées par la présente loi.

Art. 3. Le propriétaire dépossédé fera notifier par huissier à l'établissement qui a émis les titres un acte indiquant autant que possible : 1° le nombre, la nature, la valeur nominale et le numéro des titres ; 2° l'époque et le lieu où il est devenu propriétaire, ainsi que le mode de son acquisition; 3° l'époque et le lieu où il a reçu les derniers intérêts et dividendes; 4° toutes les circonstances qui ont accompagné sa dépossession ; 5° enfin une élection de domicile dans la commune où est établi le siége de l'établissement qui a émis les titres. — Cette notification vaudra opposition, tant du capital que des intérêts ou dividendes dus ou à échoir.

Art. 4. Si l'opposition n'est contredite par aucun tiers porteur, elle confère de plein droit et sans autre procédure à l'opposant les trois avantages suivants : 1° l'opposant peut exiger le dépôt à la caisse des Dépôts et Consignations des intérêts, dividendes et capital exigibles, mais non encore prescrits conformément à l'art. 1er. — Il peut toutefois, en donnant caution, ou en fournissant un nantissement suffisant, obtenir le payement immédiat des intérêts, dividendes et capital exigibles, mais non encore prescrits. La caution sera libérée et le nantissement restitué, quand la prescription sera acquise à l'établissement débiteur contre le tiers porteur éventuel ; 2° l'opposant a le droit de recevoir après les délais de prescription, les intérêts ou dividendes, et s'il y a lieu, le capital des titres indiqués dans la notification. — Les payements faits à l'opposant après les délais de prescription, libèrent définitivement l'établissement débiteur envers tout tiers porteur qui se présenterait ultérieurement. — Le tiers porteur, au préjudice duquel lesdits payements auraient été faits, conserve seulement une action personnelle contre l'opposant qui aurait formé son opposition de mauvaise foi et sans cause.

Art. 5. Avant l'expiration des délais de prescription, s'il se présente un tiers porteur des titres frappés d'opposition, l'établissement débiteur doit provisoirement retenir ses titres contre un récépissé remis au tiers porteur : il doit de plus avertir l'opposant de l'incident ; les effets de l'opposition restent alors suspendus jusqu'à ce que la justice ait prononcé entre l'opposant et le tiers porteur.

Art. 6. L'opposant qui voudrait prévenir la négociation des titres dont il a été dépossédé, pourra dénoncer par exploit à l'huissier au syndicat des agents de change de Paris, l'opposition signifiée à l'établissement débiteur : L'exploit contiendra réquisition de faire publier les numéros des titres. — Cette publication sera faite dans les vingt-quatre heures par les soins et sous la responsabilité du syndicat des agents de change de Paris, dans un bulletin quotidien établi dans les formes et sous les conditions déterminées par un règlement d'administration publique. Le même règlement fixera le coût de la rétribution annuelle due pour frais de publicité par l'opposant. Cette rétribution annuelle sera payée d'avance à la caisse du syndicat, faute de quoi la dénonciation de

l'opposition ne sera pas reçue et la publication ne
sera pas continuée à l'expiration de l'année pour
laquelle la rétribution aura été payée. L'insertion
cessera quand les délais de prescription seront écoulés.

Art. 7. Toute négociation postérieure au jour où
le bulletin est parvenu, ou aura pu parvenir, dans le
lieu où elle a été faite, sera sans effet vis-à-vis de
l'opposant, sauf le recours du tiers porteur contre
son vendeur et contre l'agent de change par l'intermédiaire duquel la négociation aura eu lieu. Le tiers
porteur pourra même, au cas prévu par le présent
article, contester l'opposition faite irrégulièrement et
sans droit. Les agents de change ne seront responsables des négociations faites par leur entremise qu'autant que les oppositions leur auront été signifiées
personnellement ou qu'elles auront été publiées
dans le bulletin par les soins du syndicat.

Art. 8. L'opposant pourra, lorsqu'il se sera écoulé
dix ans depuis la première publication sans que personne se soit présenté pour recevoir les intérêts ou
dividendes, exiger de l'établissement débiteur qu'il
lui soit remis un titre semblable et subrogé au premier et portant avec la date de son émission spéciale
un numéro à la suite des émissions déjà faites par
l'établissement. — Le temps pendant lequel l'établissement n'aurait pas payé de dividendes ou d'intérêts, ne sera pas compté dans le délai ci-dessus.
Dans le cas du présent article, le titre primitif sera
frappé de déchéance et le tiers porteur qui le repré-

senteru après la remise du nouveau titre à l'opposant n'aura qu'une action personnelle contre celui-ci, dans le cas où une opposition aurait été faite de mauvaise foi. — L'opposant qui réclamera de l'établissement un duplicata payera les frais qu'il occasionnera, il devra de plus garantir que la publication de l'opposition, s'appliquant aux titres primitifs frappés de déchéance, sera entretenue pendant dix années encore.

DISPOSITIONS PARTICULIÈRES

Art. 9. Les dispositions de la présente loi sont applicables aux titres au porteur émis par les départements, les communes et les établissements publics; mais elles ne sont pas applicables aux billets de la Banque de France, ni aux rentes, ni autres titres au porteur émis par l'État, lesquels continueront à être régis par les lois, décrets et règlements en vigueur. Toutefois les cautionnements exigés par l'administration des finances pour la délivrance des duplicatas de titres perdus, volés ou détruits, seront restitués si, dans les trente ans qui auront suivi, il n'a été formé aucune demande de la part des tiers porteurs soit pour les arrérages, soit pour le capital. Le trésor sera définitivement libéré envers le porteur des titres primitifs sauf l'action personnelle de celui-ci contre la personne qui aura obtenu le duplicata.

71. L'urgence fut déclarée sur ce projet qui fut

soumis à une commission composée de MM. Wolowski, président, Grivart, secrétaire, Vidal, de Salvandy. Barascud, Feray, Goblet Bottieau, Ferdinand Moreau, Sebert, Méplain, Luro, Bertauld, Lévêque, Girard. Le rapport rédigé par M. Grivart fut déposé dans la séance du 10 mai 1872 et le projet adopté sans modifications et presque sans discussion dans la séance du 15 juin suivant. Nous indiquerons les observations qui furent faites en parlant des articles qui y donnèrent lieu. La loi fut promulguée dans le *Journal Officiel* du 5 juillet 1872.

72. Nous allons maintenant examiner les modifications apportées au projet par la commission. Elle était en principe d'accord avec le gouvernement, mais elle différait sur quelques points. C'est ainsi que la disposition relative à la prescription avait été l'objet des plus vives critiques. Cette disposition était ainsi justifiée dans l'exposé des motifs : on faisait observer que d'après la législation existante, celui qui perdait des titres au porteur était obligé d'attendre cinq ans pour toucher les intérêts et trente ans après l'époque du remboursement pour toucher le capital; que les prescriptions commerciales étaient courtes; que l'usage s'était introduit dans les mœurs financières des échéances semestrielles. Celui qui laissait passer trois ans sans réclamer avait commis six omissions et les compagnies pouvaient croire ou bien qu'il n'y avait pas de tiers porteur ou bien que par sa négligence, il avait mérité la déchéance qu'il encourait.

73. Comme nous venons de le dire, la commission n'avait pas partagé cet avis. Le rapporteur disait à ce sujet : « Après un examen sérieux, nous avons été amenés à reconnaître, à la presque unanimité, que le changement proposé avait plus d'inconvénients que d'avantages et qu'il était loin de se recommander par ce caractère d'utilité générale et incontestable qui seul peut motiver une dérogation aux principes de nos lois civiles consacrés par le temps. » Il faisait remarquer ensuite que les prescriptions étaient établies en faveur des débiteurs et qu'ici ils ne la réclamaient pas, que, du reste, à ce point de vue, il n'y avait aucune différence à faire entre les titres au porteur et les titres nominatifs. C'était dans l'intérêt des propriétaires dépossédés que l'on abrégeait cette prescription, mais il y avait là un danger. Un grand nombre de porteurs pour des raisons diverses laissent souvent s'écouler plus de trois années sans présenter leurs titres à payement. Tantôt c'était un titre soustrait ou égaré, dont le propriétaire n'avait pas retenu le numéro, ou bien enfin c'étaient des héritiers qui ignoraient l'existence du titre. Quand il s'agissait du remboursement du titre, les inconvénients étaient encore plus graves. La publication des numéros sortis au tirage pouvait être incomplète, elle pouvait échapper aux intéressés, la compagnie pouvait payer malgré le tirage. Puis sur le marché, on aurait peine à reconnaître les titres atteints ou menacés par la déchéance. La commission avait donc rejeté la disposition relative à la prescription, mais elle avait cru obéir à l'esprit qui l'avait inspirée en autorisant les propriétaires dépossédés à recevoir le payement du capital et des intérêts de leurs titres, sans attendre l'expiration de la prescription, en assurant à ce payement des effets aussi complétement libératoires pour le débiteur que si la prescription était accomplie. Nous verrons en examinant les art. 4, 5 et 9 de la loi, comment la commission était parvenue à ce but.

L'art. 2 devenait donc l'art. 1ᵉʳ sans aucun changement.

74. Sur l'art. 3 qui devenait l'art. 2 le rapporteur faisait observer qu'il y avait lieu de distinguer entre les énonciations essentielles et celles qui ne devaient être que facultatives. Les titres pouvaient appartenir à un héritier ignorant l'époque et le lieu où avaient été touchés les derniers coupons ainsi que les circonstances qui avaient accompagné l'événement par lequel on avait été dépouillé des titres.

75. La loi différait davantage du projet du gouvernement sur les effets de l'opposition. Nous avons vu que, d'après le projet, elle donnait à l'opposant le droit d'exiger le dépôt des dividendes et intérêts à la caisse des Consignations ou leur payement moyennant caution. Elle lui donnait encore le droit de se faire payer après l'expiration des délais fixés pour la prescription. D'après la loi au contraire, l'opposition ne donnait immédiatement aucun droit. Ce n'était qu'au bout d'un an, que l'opposant pouvait se pourvoir auprès du président du tribunal civil du lieu de son domicile, afin d'obtenir l'autorisation de toucher

les intérêts ou dividendes échus ou à échoir au fur et
à mesure de leur exigibilité et même le capital des
titres frappés d'opposition, dans le cas où ledit capital serait ou deviendrait exigible. La nécessité de
cette autorisation du président avait été l'objet de
vives critiques dans le sein de la commission : « Le
président du tribunal, avait-on dit, n'aura devant
lui aucun contradicteur de l'opposant puisque la
compagnie débitrice ne sera pas même appelée; il
accordera donc toujours l'autorisation demandée,
son ordonnance ne sera donc qu'un acte de pure
formalité qui n'aura d'autre résultat que de grever
l'opposition de frais inutiles. »

Le rapporteur répondait que c'était d'abord un
moyen de vérifier la forme matérielle de l'acte d'opposition et que le magistrat, justement préoccupé
des conséquences attachées à son autorisation, n'use-
rait du droit de l'accorder qu'avec une sage et pru-
dente réserve. Dans le cas où l'autorisation sera
accordée, l'opposant devra toucher les intérêts ou
dividendes, fournir une caution solvable dont l'enga-
gement s'étendra au montant des annuités exigibles
et de plus à une valeur double de la dernière annuité
échue. Si l'opposant ne veut ou ne peut fournir la
caution requise, il pourra, sur le vu de l'autorisation, exiger de la compagnie le dépôt à la caisse des
Dépôts et Consignations des intérêts ou dividendes
échus et de ceux à échoir, au fur et à mesure de leur
exigibilité. Après deux ans écoulés, sans que l'opposition ait été contredite, la caution sera déchargée et

l'opposant pourra retirer de la caisse des Dépôts et Consignations les sommes déposées et percevoir librement les intérêts et dividendes à échoir au fur et à mesure de leur exigibilité.

Cette autorisation donne encore le droit, dans le cas où le capital deviendrait exigible, d'en toucher le montant, moyennant caution. « Lorsqu'il se sera écoulé dix ans depuis l'époque de l'exigibilité et cinq ans au moins à partir de l'autorisation, sans que l'opposition ait été contredite, la caution sera déchargée, et, s'il y a eu dépôt, l'opposant pourra retirer de la caisse des Dépôts et Consignations les sommes en faisant l'objet (art. 5). »

76. L'art. 6 dit : « La solvabilité de la caution à fournir, en vertu des dispositions des articles précédents, sera appréciée comme en matière commerciale. S'il s'élève des difficultés, il y sera statué en référé par le président du tribunal du domicile de l'établissement débiteur. — Il sera loisible à l'opposant de fournir un nantissement aux lieu et place d'une caution. Le nantissement pourra être constitué en titres de rentes sur l'État. Il sera restitué à l'expiration des délais fixés pour la libération de la caution. » Lors de la discussion en séance publique, M. Hèvre demanda si le nantissement dont il était parlé en cet article ne pourrait être fourni qu'en rentes sur l'État. Le rapporteur répondit que le nantissement pourrait être fourni en toute espèce de titres, que si l'on avait mentionné spécialement les rentes sur l'État, c'est parce qu'un doute pouvait s'élever sur la ques-

tion de savoir si cette espèce de titres étaient de nature à être un élément utile d'un nantissement en raison de leur caractère d'insaisissabilité.

77. L'art. 7 s'occupe du cas où l'autorisation du président serait refusée : « en cas de refus de l'autorisation, dont il est parlé dans l'art. 3, l'opposant pourra saisir par voie de requête le tribunal civil de son domicile, lequel statuera après avoir entendu le ministère public. Le jugement obtenu dudit tribunal produira les effets attachés à l'ordonnance d'autorisation. »

78. Le rapporteur disait que, pour les coupons détachés du titre, on n'avait pas cru devoir exiger l'autorisation afin de ne pas augmenter les frais dans le cas où il s'agissait d'une valeur minime : « Quand il s'agira de coupons au porteur détachés du titre, si l'opposition n'a pas été contredite, l'opposant pourra, après trois années à compter de l'échéance et de l'opposition, réclamer le montant desdits coupons de l'établissement débiteur sans être tenu de se pourvoir d'autorisation. » (Art. 8.)

79. L'art. 9 réalise la promesse faite par le rapport à propos de la suppression de l'art. 1er du projet du gouvernement. « Les payements faits à l'opposant, suivant les règles ci-dessus posées, libèrent l'établissement débiteur envers tout tiers porteur qui se présenterait ultérieurement. Le tiers porteur au préjudice duquel lesdits payements auraient été faits, conserve seulement une action personnelle contre l'opposant qui aurait formé son opposition sans cause. »

L'art. 10 reproduit les dispositions de l'art. 5 du projet du gouvernement en spécifiant que la compagnie devra prévenir l'opposant par lettre chargée en lui faisant connaître le nom et l'adresse du tiers porteur.

80. La commission s'était ensuite occupée des rapports du propriétaire dépossédé avec les tiers. Nous avons vu que dans le projet du Gouvernement, l'opposition à payement et l'opposition à négociation étaient liées entre elles : l'opposant pouvait dénoncer par exploit d'huissier au syndicat des agents de change de Paris l'opposition signifiée à l'établissement débiteur. Dans la loi, au contraire, ces deux oppositions sont complétement indépendantes l'une de l'autre. Le propriétaire dépossédé n'a pas besoin de dénoncer au syndicat des agents de change l'opposition par lui signifiée à l'établissement débiteur, il suffit qu'il fasse opposition entre les mains du syndicat à la négociation et à la transmission des titres. Le reste de l'art. 11 est semblable à l'art. 6 du projet primitif, si ce n'est qu'au délai de vingt-quatre heures, on avait substitué celui plus juridique à un jour franc.

Cette partie du projet de loi avait soulevé des objections dans le sein de la commission; on s'était préoccupé des frais considérables qu'entraînerait pour l'opposant une insertion permanente destinée à se continuer pendant de longues années, on s'était demandé s'ils n'absorberaient pas souvent la valeur des titres perdus. D'un autre côté, l'obligation de consulter le Bulletin préalablement à toute transaction sur des valeurs au porteur, avait paru de nature à créer une entrave sérieuse au commerce des titres au porteur, et à restreindre singulièrement cette facilité de transmission qui est une de leurs propriétés essentielles.

Ces objections n'avaient pas paru décisives à la majorité de la commission qui avait pensé que la rétribution pour la publicité serait modique et que les agents de change et les personnes se livrant habituellement au commerce des titres auraient continuellement le Bulletin sous la main, quant aux autres ce serait à elles à prendre leurs précautions.

81. Le règlement d'administration publique, annoncé par cet article, fut rendu le 10 avril 1873 et promulgué dans le *Journal officiel* du 11. L'art. 1er porte que l'exploit signifié au syndicat des agents de change de Paris mentionnera en toutes lettres et en chiffres les numéros des titres dont la publication sera requise.

L'art. 2 donne pour titre au recueil quotidien que doit publier la compagnie des agents de change : *Bulletin officiel des oppositions sur les titres au porteur publié par le syndicat des agents de change de Paris.*

L'art. 3 fixe le prix de l'insertion à cinquante centimes par numéro de valeurs et par an et décide qu'en cas de mainlevée de l'opposition avant l'échéance de l'année, le prix payé restera acquis au syndicat.

L'art. 4 dispose que le bulletin publiera les oppositions par catégorie de valeurs. Tous les numéros d'une même valeur seront inscrits à la suite les uns des autres par ordre augmentatif et en chiffres.

L'art. 5 défend d'insérer dans le bulletin annonces, réclames ou articles quelconques.

L'art. 6 règle les formes de la mainlevée : « les parties intéressées ne pourront faire cesser la publication des numéros frappés d'opposition qu'en justifiant de la mainlevée de l'opposition dans l'une des trois formes suivantes : 1° par acte notarié ; 2° par la remise de l'original de l'opposition ou de sa signification, avec mention de la mainlevée, ladite mention légalisée soit par un agent de change à la Bourse de Paris, soit par le président du tribunal civil, par le préfet ou le juge de paix du domicile de l'opposant ; 3° par la signification d'une décision judiciaire devenue définitive. — Néanmoins, lorsqu'il s'agira d'une mainlevée partielle, l'opposant pourra arrêter la publication partielle de son opposition par un simple acte extra-judiciaire, mais à la condition de représenter l'original de l'opposition restreinte ou de la notification et d'inscrire sur ledit original qui continuera de rester dans ses mains, mention de la mainlevée partielle par lui consentie. »

L'art. 7 fixe le prix maximum de l'abonnement à 70 francs par an et celui du numéro à 0,50 c. et explique que ces deux maxima sont fixés pour toute la France continentale, les droits de poste compris et que, pour les colonies et l'étranger les droits de poste seront perçus en sus. Nous croyons ces prix trop élevés et nous pensons qu'on aurait pu les abaisser en modifiant l'art. 5. Nous comprenons la prohibition d'insérer dans le Bulletin des articles qui pourraient faire dévier cette publication de son but ; mais la défense de publier des annonces ou réclames ne nous paraît pas aussi rationnelle et nous croyons qu'il y aurait eu là une source de profits qui aurait permis d'abaisser le prix des abonnements. L'art. 13 donne au gouvernement le droit de réviser les prix et tarifs fixés par ce règlement après la première année de leur mise à exécution. Nous espérons que cette faculté sera mise à profit.

L'art. 8 oblige le syndicat à donner à tout requérant communication gratuite sans déplacement des numéros du Bulletin dont le tirage sera épuisé.

L'art. 9 donne le droit à l'opposant et aux tiers porteurs successifs du titre frappé d'opposition ainsi qu'à leurs ayants cause, d'obtenir du syndicat une copie certifiée ou un extrait des actes d'opposition ou de mainlevée les intéressant, moyennant un droit de un franc en sus du timbre.

L'art. 10 permet à toute personne d'obtenir, moyennant un droit de cinquante centimes, l'indication du nom et du domicile de l'opposant ainsi que de la date de l'opposition.

82. Revenons maintenant à la loi. L'art. 12 est la reproduction de l'art. 7 du projet du gouvernement, excepté qu'on a ajouté après le mot *négociations* celui de *transmissions*. Ce mot a son importance, car

il existe nécessairement un certain intervalle entre la négociation et la livraison des titres : il était nécessaire d'éviter toute espèce de difficulté en disant ce qui devait avoir lieu dans les deux cas. On spécifie en outre que le bulletin devra parvenir par la voie de la poste. On déclare les agents de change responsables des négociations faites par leur entremise dans le cas de mauvaise foi, c'est-à-dire de connivence avec le vendeur.

83. L'art. 13 impose aux agents de change l'obligation d'inscrire sur leurs livres les numéros des titres qu'ils achètent ou qu'ils vendent. Ils doivent également mentionner sur les bordereaux d'achats les numéros délivrés. Un règlement d'administration publique doit déterminer le taux de la rémunération qui sera allouée à l'agent de change pour cette inscription des numéros. Cette rémunération a été fixée à cinq centimes par titre dans le règlement du 10 avril.

84. L'art. 14 porte qu'à l'égard des négociations ou transmissions de titres antérieurs à la publication de l'opposition, il n'est pas dérogé aux dispositions des art. 2279 et 2280 du Code civil.

85. L'art. 15 reproduit les dispositions de l'art. 8 du projet du gouvernement, mais il fixe pour point de départ au délai de dix ans l'autorisation dont il est parlé dans l'art. 3. Au lieu de donner aux nouveaux titres un numéro à la suite des émissions déjà faites par l'établissement, on doit lui donner le même numéro qu'au titre ordinaire avec la mention qu'il est délivré par duplicata.

M. de Marcère avait proposé sur cet article un amendement ainsi conçu : « Dans le cas où le propriétaire de valeurs mobilières fournirait la preuve que ses titres ont péri dans un sinistre, il peut toujours réclamer de la compagnie ou de l'établissement débiteur un titre nouveau en duplicata. S'il y a contestation, les tribunaux peuvent ordonner la délivrance d'un nouveau titre. » La commission n'avait pas cru devoir adopter cet amendement, pensant que le droit commun résultant du § 4 de l'art. 1348 suffisait et que s'il existait un doute, la prudence ne permettait pas d'autoriser la délivrance des duplicatas réclamés à d'autres conditions que celles déterminées par le projet. M. de Marcère reprit son amendement au moment de la discussion en séance publique. M. Grivart lui répondit que dans le cas où il serait démontré d'une manière irréfragable, sans qu'il pût y avoir sujet à erreur possible, que le titre avait péri dans un sinistre, la compagnie serait tenue de remettre un duplicata de ce titre aux réclamants, duplicata qui aurait tous les avantages que possédait le titre primitif vis-à-vis de la compagnie ; soit au point de vue du payement, soit au point de vue de la négociabilité. M. de Marcère satisfait de cette explication retira son amendement.

86. L'art. 16 reproduit les dispositions de l'art. 9 du projet, si ce n'est que l'exception relative aux billets de la Banque de France est étendue aux billets de même nature émis par des établissements lé-

galement autorisés et que le délai pour la libération des cautionnements exigés par l'administration des Finances pour la délivrance de duplicatas des titres de rente perdus, volés ou détruits a été abaissé de trente à vingt ans.

L'exception apportée relativement aux billets de banque n'avait pas souffert d'objections dans le sein de la commission. Il n'en avait pas été de même de la seconde exception : « il était peu rationnel, avait-on dit, de ne pas soumettre les rentes sur l'État au même régime que les autres valeurs au porteur, car de deux choses l'une, ou le système de la loi est bon, et il convient alors de l'étendre à tous les titres, à ceux mêmes qui ont l'État pour débiteur, ou l'on craint que dans l'application la loi nouvelle ne soit gênante, incommode et dans ce cas il ne faut pas plus l'imposer aux valeurs des compagnies qu'à celles de l'État. » La majorité de la commission n'avait pas cru devoir s'écarter sur ce point du projet du gouvernement. Les rentes sur l'État n'étant passibles d'aucune opposition, l'État avait pu décentraliser ses payements et autoriser les porteurs de rente à se présenter à celle des caisses publiques où il leur était le plus commode de se faire payer. Le nombre des agents payeurs de la rente était ainsi devenu très-considérable et si l'on imposait aux valeurs émises par le Trésor les dispositions nouvelles, l'État aurait à se préoccuper de la responsabilité qui pourrait résulter pour lui de leur inaction ou de leur négligence.

87. Le rapporteur terminait en disant que la loi nouvelle produit deux innovations principales : 1° les porteurs dépossédés ne sont plus obligés d'attendre pour se faire payer l'expiration des délais si longs de la prescription. Ils peuvent, même avant l'exigibilité du capital de leur créance, se faire délivrer un nouveau titre. 2° La loi nouvelle organise, pour les titres au porteur, un véritable droit de suite en dehors des conditions si étroites de l'art. 2279.

CHAPITRE III

EXAMEN CRITIQUE DE LA LOI

88. Nous avons voulu d'abord faire l'historique des travaux qui donnèrent naissance à la loi du 15 juin 1872, sans apprécier cette loi. Nous allons maintenant examiner si elle a répondu suffisamment aux vœux que nous avons indiqués plus haut et nous expliquerons le sens de ses différentes dispositions et l'application que, suivant nous, on doit leur donner.

Nous avons vu que tous les auteurs qui critiquaient la législation antérieure s'étaient occupés surtout de la malheureuse situation du propriétaire de titres au porteur qui en avait été dépossédé et qui ne pouvait ni toucher les intérêts ni obtenir le rem-

boursement du capital venu à échéance, ni exiger des
duplicatas de ses titres perdus ou volés. La loi remé-
die à cette situation, tout en sauvegardant les intérêts des tiers porteurs. Elle empêche la négociation
des valeurs perdues ou volées par la publicité qu'elle
leur donne. Enfin elle définit d'une manière précise
la responsabilité des agents de change. Ce sont là
des améliorations notables qu'il est impossible de
contester.

89. Cependant, cette loi a été, dès son apparition,
l'objet des plus vives critiques. Un article qui a paru
dans la *Gazette des Tribunaux* du 19 juin 1872
l'accuse de bouleverser tous les principes de notre
législation civile sur la propriété mobilière, sur la
prescription et sur la matière des oppositions. Nous
allons voir si ces accusations sont fondées. Le rédacteur de l'article prétend que l'Assemblée n'a voté
cette loi que parce qu'elle a cru qu'elle ne s'appliquait
qu'aux titres perdus ou détruits pendant la guerre
ou la Commune et que telle était la pensée primitive
de ceux qui l'avaient proposée et qui avaient fait
déclarer l'urgence. C'est une erreur, car nous avons
vu que le projet de M. Dufaure avait une portée générale et s'appliquait à tous les titres perdus ou volés.
Si donc on peut regretter que l'Assemblée n'ait pas
discuté cette loi, on peut dire au moins que c'est en
parfaite connaissance de cause qu'elle a voté l'urgence.

L'article reproche ensuite à la loi d'avoir abandonné les principes de notre droit sur les opposi-

tions. Il rappelle que jusqu'à ce jour, notre législation civile n'avait pas admis que l'on pût former une opposition sans titre, ou à défaut de titre, sans autorisation de justice. Il croit que les opposants peuvent être de mauvaise foi. Nous pensons que ces craintes sont exagérées, si la loi a pris des précautions pour empêcher de former sans droit une opposition sur une somme d'argent, c'est qu'en effet là il y avait un danger sérieux à redouter. Mais il n'en est pas de même ici ; croit-on qu'un homme ira sans aucune espèce de droit faire une opposition où il est obligé d'indiquer le nombre, la nature, la valeur nominale, le numéro et, s'il y a lieu, la série des titres? Croit-on qu'on inventera ces choses-là pour arriver le plus souvent à payer les frais d'une mainlevée et peut-être des dommages-intérêts, car nous croyons que les cas de négligence de celui qui possède les titres de bonne foi ne seront pas aussi fréquents que le prétend la *Gazette*, et d'ailleurs n'est-ce pas une règle de notre législation que la loi protége seulement ceux qui font valoir leurs droits et non ceux qui les négligent? La loi nouvelle a voulu éviter les frais qu'entraînerait l'autorisation du président et elle a eu raison, car il ne faut pas, sous prétexte de garanties, organiser des procédures coûteuses qui empêchent les gens de se faire rendre justice. Du reste la loi a si peu méconnu les droits des possesseurs qu'au moment de faire recueillir par l'opposant les fruits de son opposition, elle exige l'autorisation du président. Mais alors, dira-t-on,

pourquoi ne pas se conformer aux principes généraux de notre législation et ne pas exiger l'autorisation avant l'opposition ? De deux choses l'une, ou
l'opposant est de mauvaise foi et il ne mérite aucun
égard, ou il est de bonne foi et alors l'autorisation
est inutile. Nous ne croyons pas que les termes de
ce dilemme soient exacts. Il peut arriver que l'opposant, sans être de mauvaise foi, soit obligé de donner mainlevée de l'opposition : c'est si le titre se
trouve entre les mains d'un tiers qui a acheté avant
la publication dans le bulletin. Dès lors à quoi bon
imposer des frais inutiles, en exigeant l'autorisation
avant l'opposition? Mais, lorsqu'il s'agit de toucher
les intérêts, alors l'autorisation est nécessaire et
nous comprenons cette intervention du président,
quand cela ne serait que pour apprécier les garanties
à fournir. Enfin la *Gazette* croit qu'en donnant le
droit à toute personne de former des oppositions
sans autorisation de justice, on multipliera certainement les procès. L'événement ne lui a pas donné
raison jusqu'ici, car nous n'avons vu aucune contestation élevée à ce sujet devant les tribunaux.

Le rédacteur de la *Gazette* critique ensuite la fixation à trois ans du délai au bout duquel la caution
sera déchargée : « Il y a, dit-il, des possesseurs de titres au porteur qui ne touchent pas régulièrement
leurs intérêts à chaque échéance, surtout lorsqu'ils
ont peu de titres d'une certaine nature ; ils laissent accumuler les échéances souvent pour ne pas se
déranger plusieurs fois. Il y a des propriétaires de

titres français qui sont à l'étranger et qui ne font toucher leurs intérêts qu'à certains intervalles souvent éloignés. Une personne de mauvaise foi formera opposition sur des titres qu'elle saura possédés par des propriétaires ne touchant que rarement leurs dividendes ou intérêts; elle donnera une caution qui sera déchargée au bout de deux ans, elle touchera les revenus échus, peut-être même le capital, si le titre est sorti à un tirage. Et lorsque le véritable propriétaire qui avait son titre en sa possession, et à qui cette possession devait donner toute sécurité, se présentera avec son titre, la compagnie débitrice soutiendra avec la loi qu'elle est bien et dûment libérée par un payement fait à un opposant qui n'a jamais eu de titre. Quel sera le recours du véritable propriétaire et possesseur de son titre? Un recours contre l'opposant? Mais l'opposant peut avoir disparu et si le délai pendant lequel la caution est tenue est expiré, il se trouvera exproprié de sa chose, de ses revenus, et peut-être même de son capital, lui le possesseur du titre! Que devient alors le principe de notre droit civil qu'*en fait de meubles possession vaut titre ?* » Ces objections pourraient aussi bien être faites contre toutes les prescriptions de moins de cinq ans. Quoi! un maître qui se sera dévoué à l'instruction d'un élève pourra voir au bout de six mois son action repoussée par des parents ingrats, un médecin qui aura prodigué ses soins se verra au bout d'un an frustré de tout salaire par un malade dont la reconnaissance aura disparu avec la maladie et vous vou-

lez protéger pendant cinq ans, au détriment peut-
être du véritable propriétaire un prétendu possesseur qui n'a aucune raison sérieuse pour excuser sa
négligence ! Quelle est l'hypothèse la plus vraisemblable : ou bien qu'une personne de mauvaise foi, à
l'affût de propriétaires qui ne touchent leurs intérêts
qu'à de rares intervalles, forme une opposition, ou
bien que cette opposition soit formée par celui qui
était véritablement propriétaire des titres et qui en
a été dépossédé? N'est-il pas permis de supposer que
si, après l'opposition, personne ne se présente pendant trois ans pour toucher les intérêts ou dividendes, c'est que celui qui a entre les mains les coupons
n'a probablement pas la conscience très-tranquille
et si, par hasard, c'est seulement un homme assez
négligent ou assez riche pour ne pas toucher l'intérêt de ses capitaux pendant trois ans, nous ne croyons
pas que cette situation mérite une faveur exception-
nelle.

Du reste les rédacteurs de la loi ont si peu oublié
les droits du possesseur qu'ils ont repoussé les dispositions primitives du projet qui introduisait une
nouvelle prescription de courte durée et ont décidé
que le droit commun s'appliquerait toutes les fois
que l'intérêt de l'opposant ne serait pas en conflit
avec celui du possesseur; mais ils ont pensé que cet
intérêt devait fléchir devant le premier.

Il est facile de supposer, d'après ce que nous venons de dire, que la disposition de la loi, d'après laquelle, lorsque le capital sera exigible, l'opposant

pourra le toucher au bout de dix ans n'échappe pas non plus à la critique de la *Gazette*. Elle reproche à l'Assemblée de n'avoir jamais en vue que l'intérêt des opposants et d'avoir oublié celui des véritables propriétaires, mais, s'il en est ainsi, c'est que l'Assemblée a présumé que l'opposant était propriétaire et cette présomption est au moins aussi vraisemblable que celle de la *Gazette* qui croit que tous les opposants sont de mauvaise foi. Elle ajoute : « Il y a des personnes qui ont la manie de cacher leurs titres au porteur, il y en a qui les intercalent dans les feuillets des livres de leur bibliothèque; si des héritiers retrouvent au bout de quinze ou vingt ans des titres ainsi cachés et si le capital de ces titres a été touché de mauvaise foi, le droit des héritiers sera éteint. » Nous croyons que les hypothèses prévues ici ne sont guère vraisemblables, nous croyons qu'il est assez difficile de cacher un grand nombre de titres au porteur dans les feuillets d'un livre puis il faudrait encore supposer qu'une personne a pu connaître les numéros des titres ainsi cachés et nous croyons qu'alors elle s'emparera des titres au lieu de former opposition, nous croyons qu'il arrivera bien plus souvent que, pendant une maladie ou au moment d'un décès, des titres seront soustraits et qu'il sera intéressant pour les héritiers dépouillés de pouvoir former opposition et de toucher les intérêts ou dividendes dans le plus bref délai possible.

La *Gazette* parle ensuite des interruptions de prescription et prétend que les auteurs de la nouvelle loi ne se sont pas souvenus qu'il y avait des mineurs et que ces mineurs avaient droit de la part du législateur à une protection spéciale qui ne leur avait jamais été refusée par le droit d'aucun pays. Certes, nous ne nions pas l'utilité de cette protection, mais nous croyons qu'il y a des biens sur lesquels elle ne peut s'exercer, tels sont les titres au porteur. Le tuteur peut disposer de ces titres sans aucune espèce de formalité, qu'y a-t-il d'étonnant à ce qu'il puisse, en négligeant de toucher les coupons, porter atteinte aux droits du mineur? Une autre critique adressée à la loi est relative au mode prescrit pour prévenir l'opposant de la présentation d'un tiers porteur. On a vu que cet avertissement devait se faire par lettre chargée, et la *Gazette* dit : « Voilà la lettre chargée élevée à la hauteur d'un acte extrajudiciaire. Quelle trace reste-t-il d'une lettre chargée? Un petit bulletin constatant qu'un jour donné une lettre a été adressée à une personne par une autre personne. Mais le contenu de la lettre, il reste complétement inconnu. » Ici encore ces critiques ne nous paraissent pas méritées, ce n'est point que nous voulions, comme le prétend la *Gazette*, écarter l'intervention des officiers ministériels et nous estimons comme elle que c'est une trop précieuse garantie pour la justice et les justiciables pour vouloir la supprimer. Mais nous croyons que, dans l'espèce, cette intervention n'a aucune raison d'être et ne ferait qu'augmenter les frais, et empêcher peut-être les compagnies d'avertir les opposants. Le bulletin d'envoi de la lettre chargée ne nous donnera pas, il est vrai, le contenu de la lettre, mais ce contenu est-il si difficile à deviner et est-il vraisemblable qu'une compagnie envoie une lettre chargée à un opposant dans un autre but que celui indiqué par la loi?

Enfin nous avons vu que les négociations seront sans effet à l'égard des opposants lorsqu'elles seront postérieures au jour où le bulletin aura pu parvenir par la poste dans le lieu où cette négociation aura été faite. La *Gazette* critique cette disposition en disant que le bulletin peut par suite d'accidents n'être pas parvenu et qu'alors les négociations seront nulles, et elle ajoute : « qu'importe qu'il soit parvenu ou non ! il aurait pu parvenir cela suffit. Une fois entré dans cette voie où s'arrêtera-t-on ? Pourquoi ne dirait-on pas aussi que les lois seront exécutoires non à partir du jour où elles seront promulguées, mais à partir du jour où elles auraient pu l'être ? » Nous répondrons que le Code civil lui-même établit une présomption pour le jour où les lois doivent être connues et où par suite elles deviennent exécutoires. Il est vrai que le Code fixe un délai. La loi nouvelle aurait pu suivre le même système, mais nous croyons que cela n'aurait pas été sans inconvénient. En effet, il est évident que les délais fixés par le Code à un moment où les voies de communications étaient beaucoup moins rapides qu'aujourd'hui, sont trop considérables et qu'une loi est connue bien avant qu'elle ne soit exécutoire. Le plus souvent cela ne présente pas de dangers. Mais il n'en aurait pas été

de même ici, il eût suffi en effet, à ceux qui se seraient emparés de titres au porteur de les faire vendre dans un endroit éloigné pour que la vente fût
valable.

90. Avant d'entrer dans l'examen des différentes
dispositions de la loi du 15 juin 1872, nous ne
croyons pas inutile de dire quelques mots d'une
autre loi qui l'a précédée de fort peu et qui elle aussi a
apporté des modifications aux art. 2279 et 2280,
c'est la loi du 12 mai 1871 rendue pendant que Paris
était encore au pouvoir de la Commune et motivée
précisément par les excès de cette insurrection. A la
différence de la loi du 15 juin 1872, cette loi ne s'applique qu'à des actes commis pendant la Commune
ou aux conséquences de ces actes. Nous ne nous
occuperons pas de ses dispositions pénales, nous citerons seulement les deux premiers articles et nous
examinerons ensuite s'ils peuvent encore être appliqués aux titres au porteur. Voici l'art. 1er : « Sont
déclarés inaliénables jusqu'à leur retour aux mains
du propriétaire tous biens meubles et immeubles
de l'Etat, du département de la Seine, de la ville de
Paris et des communes suburbaines, des établissements publics, des églises, des fabriques, des sociétés civiles, commerciales ou savantes, des corpo-
rations, des communautés, des particuliers, qui
auraient été soustraits, saisis, mis sous séquestre
ou détenus d'une manière quelconque, depuis le
18 mars 1871, au nom ou par les ordres d'un prétendu comité central, comité de salut public, d'une

soi-disant Commune de Paris ou de tout autre pouvoir insurrectionnel, par leurs agents, par toute personne s'autorisant de ces ordres ou par tout individu ayant agi, même sans ordres, à la faveur de la
sédition. » L'art. 2 est ainsi conçu : « Les aliéna-
tions frappées de nullité par l'art. 1er ne pourront,
pour les immeubles, servir de base à la prescription
de dix ou vingt ans, et pour les meubles donner lieu
à l'application des art. 2279 et 2280 du Code civil.
Les biens aliénés en violation de la présente loi
pourront être revendiqués, sans aucune condition
d'indemnité et contre tout détenteur, pendant trente
ans, à partir de la cessation officiellement constatée
de l'insurrection de Paris. » Nous allons voir dans
quels cas ces dispositions peuvent s'appliquer. D'a-
bord pour les titres perdus ou détruits pendant la
Commune, c'est évidemment la loi du 15 juin 1872
qu'on doit observer. Supposons maintenant un titre
volé pendant la Commune; ou il a été aliéné avant
la promulgation de la loi du 12 mai et il faut appliquer l'art. 2279 et permettre la revendication pendant trois ans, ou il a été aliéné après la promulgation de cette loi. Dans ce cas il pourra être revendi-
qué pendant trente ans sans aucune condition d'indemnité contre celui qui a acheté dans l'intervalle
entre les deux lois, mais si le titre a été acheté depuis la promulgation de la loi du 15 juin 1872, c'est
alors cette loi qu'il faut observer. Nous ne parlons
ici que des rapports du propriétaire dépossédé avec
les tiers acquéreurs, car vis-à-vis des compagnies,

c'est toujours la loi du 15 juin qu'il faut appliquer.
C'est l'opinion adoptée par M. Buchère dans un ouvrage récemment publié sur les titres au porteur, perdus, volés ou détruits et les moyens d'en recouvrer
la jouissance, où il commente la loi nouvelle et où
il dit : « Les bénéfices et avantages de la loi nouvelle
sont, en effet, applicables même aux titres perdus,
disparus ou détruits, antérieurement à la publication de cette loi et les possesseurs de valeurs au porteur dépouillés par exemple par suite des événements de 1870 et 1871 peuvent en revendiquer les
avantages en se soumettant aux formalités qu'elle
prescrit : la loi n'oblige pas à former opposition au
moment même de la perte des titres, elle n'a point
restreint l'application de ses dispositions aux événements à venir; elle a posé au contraire dans son article 1er le principe que tout propriétaire de titres au
porteur qui en est dépossédé peut se faire restituer
contre cette perte dans la mesure qu'elle détermine.
Les possesseurs dépouillés de leurs valeurs même depuis plusieurs années, peuvent donc, si les titres
qu'ils ont perdus n'ont pas encore été présentés aux
compagnies débitrices et si personne n'en a réclamé
les dividendes et intérêts échus, former opposition,
dans les termes de la loi, à la seule condition d'avoir
encore entre les mains les numéros de ces valeurs et
les renseignements que doivent comprendre les ex-
ploits d'opposition. On ne pourrait objecter que la loi
n'a pas d'effet rétroactif. Sans doute, une loi nouvelle ne peut modifier les conditions, ni les consé-

quences d'un contrat souscrit en exécution des lois qui existaient à l'époque de la convention, non plus que la capacité des contractants à la même époque. Mais lorsqu'elle n'a pour objet que de prévoir un fait nouveau ne touchant en aucune manière la nature du contrat, lorsqu'elle se borne à indiquer les formes à employer pour garantir l'exécution de ce contrat, elle devient immédiatement applicable même aux faits antérieurs à sa promulgation. C'est ce que la jurisprudence a reconnu en déclarant les lois de procédure immédiatement exécutoires, même dans les procès déjà commencés, sous la réserve de la validité des actes antérieurement signifiés. Dans l'espèce, il s'agit uniquement de formalités à remplir pour recouvrer dans une certaine mesure la jouissance de titres perdus. Les conditions du contrat existant entre les compagnies et les porteurs de valeurs émises ne sont pas modifiées, et peu importe, à cet égard, l'époque où la perte des titres a eu lieu. La position est la même vis-à-vis des tiers porteurs ; s'ils ont acquis les titres avant la publication de l'opposition leurs intérêts sont garantis et régis par les règles du droit commun. S'ils achètent postérieurement, comment seraient-ils admis à contester la validité de cette opposition, comme concernant des valeurs perdues antérieurement à la loi, alors que leur possession est postérieure et que le contrat qui leur donne naissance a été souscrit à une époque régie par la loi nouvelle? Aucune difficulté ne peut donc s'élever, à notre avis, contre le droit des propriétaires dépouillés de leurs titres à une époque antérieure à invoquer le bénéfice de cette loi, en se soumettant aux conditions qu'elle impose. »

92. Nous irons même plus loin que M. Buchère et nous admettrons que l'opposition formée avant la promulgation de la loi peut servir de point de départ au délai après lequel le Président du tribunal peut autoriser à toucher les intérêts et dividendes. Le contraire a, il est vrai, été décidé en référé dans les circonstances suivantes : des rats et des souris avaient dévoré en 1869 des actions au porteur du chemin de fer du Midi. M. Werquin, leur propriétaire, avisa le 5 juin 1869, l'administration par lettre. Sa déclaration fut visée le jour même par un employé de la compagnie. Lorsque la loi du 15 juin 1872 fut rendue, M. Werquin se fit autoriser par le Président du tribunal civil de la Seine, à toucher dans les bureaux de la compagnie du Midi les coupons échus en 1869, 1870, 1871, desdites actions. La Compagnie refusa d'obéir à l'ordonnance et d'effectuer le payement réclamé, elle prétendit que M. Werquin n'était pas dans le cas prévu par l'art. 3 de la loi et qu'il n'avait pas accompli les formalités prescrites par le législateur de 1872, M. Werquin introduisit alors un référé devant M. le Président du tribunal civil de la Seine. Ce magistrat décida qu'il n'y avait pas lieu à référé (*Droit*, des 26 et 27 août 1872) : « Considérant qu'il n'était et ne pouvait être justifié d'une opposition dans les termes de la loi du 15 juin 1872, que la déclaration faite par M. Werquin à la compagnie et

visée par cette dernière en 1869, avant ladite loi du 15 juin 1872 ne saurait remplacer l'opposition prescrite par les art. 1, 2 et 3 de celle-ci ; que si l'on poursuit l'examen des articles subséquents, on voit que cette opposition est une formalité essentielle, indispensable, qui doit précéder toutes les autres imposées aux réclamants par la loi, que, spécialement le payement fait aux réclamants sans l'accomplissement de cette formalité, ne libèrerait pas l'établissement débiteur vis-à-vis du tiers porteur qui se présenterait ultérieurement et ferait reconnaître son droit, qu'en l'état il n'échéait d'accorder à M. Werquin l'ordonnance d'autorisation et que c'était avec raison que la Compagnie refusait de l'exécuter. »

Nous approuvons cette décision, parce qu'il s'agissait d'une opposition formée par simple lettre, aurait-on dû décider de même si l'opposition avait été faite dans les termes de la loi? Nous ne le pensons pas. Nous avons vu que parmi les énonciations que doit contenir l'opposition, il y en a qui sont essentielles et d'autres facultatives. Il est très-possible qu'une opposition ait été faite par huissier à l'établissement débiteur et qu'elle contienne le nombre, la nature, la valeur nominale, le numéro et même la série des titres s'il y en a plusieurs, ainsi qu'une élection de domicile dans la commune du siége de l'établissement débiteur. Que devra-t-on décider dans ce cas ? Nous croyons qu'alors au bout d'un an écoulé à partir de la promulgation de la loi, l'opposant pourra demander au président du tribu-

nal l'autorisation de toucher les intérêts et dividendes. Qui pourrait élever des réclamations? La compagnie? Mais que lui importe à qui elle paye? Si,
dans l'espèce que nous venons de citer, elle a fait
résistance, c'est parce que l'opposition n'étant pas
régulière, elle craignait de payer deux fois, mais
nous croyons que dans les circonstances que nous
venons de citer, le payement serait parfaitement
valable et libératoire. Le tiers porteur aurait-il le
droit de se plaindre? Mais si, depuis plus d'un an,
la mainlevée de l'opposition n'a pas été demandée,
c'est ou que le titre a été détruit ou que le tiers porteur se sentant coupable, n'a pas osé se présenter.
C'est cette présomption qui, l'exposé des motifs
l'atteste, a inspiré les dispositions de la loi. Si cela
est vrai pour l'avenir, ne l'est-ce pas aussi pour le
passé? On ne modifie aucun contrat, on ne porte
atteinte à aucun droit acquis, on détruit seulement
des espérances coupables. Si par hasard, les titres
se trouvaient entre les mains d'un tiers porteur de
bonne foi, la loi n'aurait-elle pas pour effet de l'avertir de sa négligence et de le faire sortir de sa torpeur?
S'il y persiste, n'est-il pas juste qu'il subisse une
perte plutôt que le malheureux propriétaire dépossédé qui a tout fait pour recouvrer ses droits?

93. Nous n'avons parlé jusqu'ici que de l'opposition à payement, que faut-il décider pour l'opposition à négociation? Nous venons de voir qu'à l'égard
des négociations ou transmissions de titres antérieures
à la publication de l'opposition, il n'est pas dérogé

aux art. 2279 et 2280. Mais faut-il renouveler l'opposition à négociation qui aurait été faite au syndicat des agents de change de Paris avant la promulgation dé la loi ? Nous croyons qu'il ne peut s'élever aucun doute sérieux sur ce point. Nous avons vu, en effet, que le syndic des agents de change n'était obligé par aucune disposition législative de notifier les oppositions à ses confrères ; par conséquent une opposition faite avant la loi ne peut avoir l'effet qu'elle aura après. Elle ne pourrait du reste contenir aucune réquisition, de publier les numéros perdus, puisqu'alors il n'existait aucun moyen de faire cette publication. Le syndicat ne peut être tenu et si une opposition a été faite avant la loi, elle doit être renouvelée.

94. On a même tiré argument de la loi pour conclure que les oppositions signifiées auparavant au syndic n'avaient aucune valeur, c'est ce qui a été décidé dans les circonstances suivantes : un sieur Félu se prétendant propriétaire, entre autres valeurs qui lui avaient été volées pendant l'occupation allemande, d'une obligation de la ville de Paris, forma le 9 février 1871, entre les mains du syndic des agents de change de Paris, une opposition à la négociation et au transfert de ladite valeur. Le 23 du même mois, M. Moreau, en sa qualité de syndic des agents de change, signifia à Félu une protestation contre ladite défense, en annonçant qu'il ne rentrait pas dans les devoirs de sa charge de transmettre aux membres de la compagnie l'indication des déclara-

tions de perte ou de vol qui lui étaient signifiées en
sa dite qualité et l'invitant à se pourvoir ainsi qu'il
aviserait pour la conservation de ses droits. Le
12 juin suivant, le titre litigieux était acheté en
Bourse par un agent de change qui, pour en disposer, demanda la mainlevée de l'opposition formée
par Félu au syndicat des agents de change. Le tribunal civil de Pontoise accueillit cette demande dans
un jugement du 28 août 1873 ainsi motivé (*Gaz.
trib.*, 11 septembre 1873) : « Attendu que Félu ne
pourrait s'opposer à la demande de Levot, qu'en
prouvant que cet agent de change a eu régulièrement
connaissance de l'acte par lequel Félix avait cru
mettre empêchement à la négociation de son titre;
que non-seulement cette circonstance n'est pas établie, mais qu'il paraît au contraire que Levot a dû
ignorer cette opposition, puisque le syndic a déclaré formellement à Félu qu'il ne la dénoncerait
pas à ses confrères; attendu, d'un autre côté, qu'aucune opposition n'avait été signifiée directement
par Félu, ni à Levot, acquéreur du titre, ni à Kol-
ler, agent intermédiaire de la vente, qu'il s'ensuit
qu'ils ont pu prendre part à la négociation dudit titre qui n'était pas frappé d'indisponibilité sur le
marché, qu'en effet, à l'époque où les faits se placent,
aucune prescription de la loi ne portait que l'opposition signifiée entre les mains du syndic des agents
de change aurait effet à l'égard des différents membres de la corporation; que c'est précisément pour
obvier à cette lacune, qu'a été rendue la loi du

15 juin 1872; attendu que Levot est donc fondé à exiger que le titre lui soit remis disponible, que cette décision ne porte d'ailleurs aucun préjudice aux droits de Félu qui peut pourvoir à leur conservation en recourant à la loi de juin 1872 ; qu'il peut encore, s'il croit avoir éprouvé un dommage, rechercher en responsabilité ceux qui en seraient les auteurs ; attendu qu'il devient inutile d'examiner si Félu doit être admis à prouver qu'il est propriétaire du titre en litige puisqu'en supposant son action recevable en la forme, elle n'est pas admissible au fond. »

95. Une autre question peut se présenter toujours à propos de la rétroactivité à donner à la loi, c'est celle de la compétence. Autrefois lorsque le payement des intérêts ou la délivrance de nouveaux titres était réclamée à une compagnie industrielle, c'était le tribunal de commerce qui était compétent. La loi nouvelle a établi la compétence du tribunal civil. Cette disposition doit-elle avoir un effet rétroactif? L'affirmative a été décidée par jugement du tribunal de commerce de la Seine, rendu le 5 octobre 1872 (Dalloz, rec. per., 72, III, p. 87) et ainsi motivé : « Attendu que Mennechy demande que la compagnie du chemin de fer de l'Ouest soit tenue de lui restituer de nouveaux titres pour dix obligations de ladite compagnie qu'il aurait perdues, et subsidiairement, que la compagnie soit tenue de déposer les arrérages afférents auxdites obligations au fur et à mesure de leur échéance, à la caisse des dépôts et

consignations pour, par lui, en toucher le montant
sur sa simple quittance; attendu que la compagnie
oppose le renvoi, en s'appuyant sur la loi du 15 juin
dernier, qui attribue aux tribunaux civils la connaissance des demandes formées contre les compagnies, à l'occasiou des titres perdus; attendu que,
pour repousser l'exception, le demandeur soutient
que les faits qui donnent lieu à l'instance actuelle
étant antérieurs au 15 juin, la loi précitée ne saurait
avoir d'effet rétroactif et ne serait pas applicable
dans l'espèce; mais attendu qu'il est évident que la
loi du 15 juin a un caractère exceptionnel, qu'elle a
été motivée par les circonstances; qu'elle a surtout
eu pour but de régulariser la position des propriétaires d'actions au porteur dont les titres ont été
perdus, volés ou brûlés pendant les événements de
la guerre et de la Commune; que le tribunal n'a qu'à
s'incliner devant la loi qui le dessaisit et n'a pas à se
préoccuper si, dans l'espèce, l'application des dispositions de cette loi peut avoir lieu avec ou sans effet
rétroactif; que cette appréciation appartient au tribunal civil qui devient le seul tribunal compétent;
qu'en conséquence, il y a lieu d'admettre l'exception. » Nous regrettons que le tribunal de commerce
de la Seine ait cru devoir s'appuyer sur ce motif que
la loi du 15 juin a un caractère exceptionnel. Nous
croyons que ce n'est pas exact. Il résulte en effet de
l'exposé historique que nous avons fait que cette loi
était depuis longtemps réclamée et que si diverses
circonstances ont fait hâter sa présentation, elle n'en

a pas moins un caractère général. Cependant nous approuvons cette décision, car le principe de non-rétroactivité des lois s'applique au fond du droit et non aux questions de procédure ou de compétence. Lorsqu'en effet, le législateur modifie une procédure ou change la compétence d'un tribunal, c'est qu'il croit que cette procédure est préférable et que ce tribunal sera plus apte à juger. Il y a donc avantage à suivre les règles nouvelles qu'il trace et comme aucun droit acquis ne se trouve lésé, il n'y a aucune raison pour ne pas appliquer la loi nouvelle. S'il en était autrement, les réformes opérées par le législateur seraient pendant longtemps lettres mortes.

96. Ceci dit sur l'effet rétroactif à donner à la loi, nous allons examiner en elles-mêmes ses principales dispositions et voir quelles sont les innovations qu'elle a apportées dans notre législation. Nous suivrons dans cet examen l'ordre que nous avons adopté précédemment et nous verrons successivement dans quel cas peuvent s'appliquer encore les art. 2279 et 2280, quels sont les droits des propriétaires dépossédés vis-à-vis de l'auteur du délit, des tiers porteurs de bonne foi, des agents de change et des changeurs et à l'égard des compagnies, puis nous examinerons dans quels cas la loi ne s'applique pas.

97. L'article de la *Gazette des Tribunaux*, auquel nous avons répondu plus haut, prétend que les rédacteurs de la loi nouvelle ne paraissent pas avoir soupçonné l'existence de la règle en fait de meubles,

possession vaut titre et que, sans bien comprendre
la portée de son vote, l'Assemblée a décidé que cette
règle ne s'appliquerait plus aux choses qui constituent la plus grande partie de la fortune mobilière de
la France, c'est-à-dire aux titres au porteur. Nous
croyons que ceci est exagéré et que la loi modifie
seulement cette règle. Parmi les différentes théories
émises sur l'art. 2279, nous nous sommes prononcé
pour celle qui considère cet article comme créant
une présomption légale, n'admettant pas la preuve
contraire. Nous croyons que ceci a été modifié par la
loi nouvelle, qui permet d'invoquer la preuve contraire contre le possesseur d'un titre au porteur.

98. Quant à l'exception apportée à la règle en cas
de perte ou de vol, nous avons vu qu'elle ne concernait pas les droits du propriétaire dépossédé vis-à-
vis de l'inventeur ou de l'auteur du délit, contre lesquels l'action se prescrivait par trente ans. Cette
prescription subsiste, seulement cette action sera
rarement intentée puisque le propriétaire dépossédé
pourra trouver d'autres moyens plus sûrs et plus ef-
ficaces de rentrer dans ses droits.

D'un autre côté, l'obligation imposée aux agents
de change de mentionner sur les bordereaux d'achat
les numéros livrés permettra de prouver plus facilement la perte ou le vol. Il est regrettable que cet article n'ait pas de sanction; mais on pourra forcer les
agents de change à l'observer en refusant de prendre livraison, si cette formalité n'est pas accomplie.

99. Quant aux droits du propriétaire dépossédé

contre les tiers porteurs, ils ont été considérablement modifiés. D'abord nous avons décidé, conformément à la jurisprudence, que le deuxième paragraphe de l'art. 2279 ne s'appliquait ni à l'abus de confiance, ni à l'escroquerie. La loi nouvelle, au contraire, ne fait aucune distinction entre ces deux délits et la perte ou le vol et s'applique *au propriétaire de titres* au porteur qui en est dépossédé par quelque événement que ce soit. M. Philibert, dans un article publié dans le *Droit* du 9 août 1873, prétend que cette innovation n'est pas aussi considérable qu'on pourrait le croire au premier abord, car, dans la plupart des cas, l'abus de confiance ne se révèlera et on ne pourra par conséquent former opposition qu'au bout de long temps lorsque le titre aura été négocié. Nous ne nions pas que cela arrivera quelquefois, mais il n'en sera pas toujours ainsi et nous croyons que le danger redouté était impossible à éviter et que si l'on peut trouver un remède à la violation des dépôts, ce n'est pas dans la législation civile qu'il faut le chercher, mais dans la législation pénale.

Malgré l'affirmation de notre honorable confrère, nous avons peine à croire que c'est par l'abus de confiance que les neuf dixièmes des propriétaires de valeurs au porteur en soient privés ; et il nous semble que cela arrive souvent aussi par perte ou par vol.

Dans tous les cas, la loi nouvelle a modifié d'une manière notable la situation du propriétaire dépossédé. Nous avons vu que d'après l'art. 2279, § 2, il ne pouvait exercer ses droits que pendant trois ans à partir de la perte ou du vol. Aujourd'hui, aucun délai ne lui est imposé, mais il fera bien, pour empêcher la négociation de son titre de former opposition le plus vite possible au syndicat des agents de change et à l'établissement débiteur afin d'éviter le payement des dividendes et intérêts entre les mains d'un tiers porteur. La loi n'a créé aucun lien entre ces deux oppositions, elles peuvent donc être faites en même temps ou séparément, mais il vaudra mieux les faire en même temps. S'il y en a une qui doit précéder l'autre, c'est celle au syndicat ; car c'est en vain que le propriétaire formerait opposition au siége de la compagnie débitrice, s'il n'a pas formé opposition au syndicat, les titres peuvent être négociés et il peut être obligé de donner la mainlevée de son opposition, n'ayant souvent qu'un recours illusoire contre l'auteur du préjudice ou celui qui, le premier, a acheté dans des conditions irrégulières. Un an après l'opposition formée au siége de l'établissement débiteur, l'opposant pourra avec l'autorisation du président du tribunal civil et moyennant caution, toucher les intérêts et dividendes échus et ceux à échoir au fur et à mesure de leurs échéances. S'il se présente un tiers porteur, le débat s'engagera entre eux.

100. La loi nouvelle a également modifié d'une manière notable l'art. 2280. Nous avons vu que, d'après cet article, si le possesseur actuel de la chose volée ou

perdue l'a achetée dans une foire ou dans un marché ou dans une vente publique ou d'un marchand vendant des choses pareilles, le propriétaire originaire ne peut se la faire vendre qu'en remboursant au possesseur le prix qu'elle a coûté. Nous avons vu que cet article s'appliquait aux titres au porteur achetés à la Bourse. Depuis la loi nouvelle, nous avons des distinctions à faire. Cet article s'appliquera toujours si le propriétaire dépossédé n'a pas notifié une opposition aux syndicats des agents de change de Paris dans les termes de l'art. 11 ou bien si cette opposition n'a pu être publiée dans le *Bulletin officiel* avant la négociation (art. 14) ou bien encore si le *Bulletin* n'est pas parvenu dans l'endroit où elle a eu lieu (art. 12). Sinon, si les numéros des titres ont été publiés dans le *Bulletin*, toute négociation ou transmission postérieure au jour où le *Bulletin* est parvenu ou aurait pu parvenir par la voie de la poste dans le lieu où elle a été faite, sera sans effet vis-à-vis de l'opposant, sauf le recours du tiers porteur contre son vendeur ou contre l'agent de change par l'intermédiaire duquel la négociation aura eu lieu (art. 12).

101. Il peut arriver que l'opposition ne produise pas son effet, quoique le titre ait été acheté depuis la publication au *Bulletin*, c'est si le vendeur l'avait acquis avant cette publication. Le porteur a droit en effet d'actionner son vendeur en garantie et celui-ci peut se défendre en prouvant qu'il est devenu légitime propriétaire avant la publication. Le cessionnaire doit pouvoir invoquer la même exception pour

éviter des circuits d'action complétement inutiles. C'est du reste dans ce sens que s'est prononcé le rapporteur de la commission.

102. Nous avons vu que la loi concentre toutes les oppositions au syndicat des agents de change de Paris. Cette centralisation pourra avoir des effets regrettables pour les propriétaires de valeurs non cotées à la Bourse de Paris qui auront à subir des délais à cause de leur éloignement et ensuite à attendre le retour du *Bulletin*. Pendant ce temps, le titre aura pu être négocié. Cette situation est fâcheuse, il est vrai, mais nous ne croyons pas qu'il ait été possible de faire autrement.

103. Le tiers porteur pourra contester l'opposition faite irrégulièrement ou sans droit. M. Buchère fait remarquer avec raison, à ce sujet, qu'il peut arriver que l'opposition ait été faite sans cause et que cependant l'opposant soit de bonne foi, c'est ce qui arrivera si des héritiers trouvent dans les papiers de la succession une note indiquant plusieurs valeurs au porteur qui aient été vendues par le défunt lui-même.

104. Nous avons vu qu'on discutait la question de savoir si la boutique d'un changeur était un marché public ou si du moins il devait être considéré comme un marchand habituel de titres au porteur. La loi nouvelle n'a pas tranché la question, mais elle perd beaucoup de son importance puisqu'on ne recherche plus maintenant si le titre a été acheté dans un marché public, mais si la négociation

ou transmission a eu lieu avant ou après la publication au *Bulletin officiel.*

105. Quant à la responsabilité des agents de change, nous trouvons ici des modifications notables. Nous avons vu que la jurisprudence avait décidé qu'il n'y avait pas pour eux de responsabilité professionnelle et qu'ils encouraient la responsabilité du droit commun régie par les art. 1382 et 1383 du Code civil. La loi nouvelle a mieux défini cette responsabilité. Ils ne peuvent, sauf le cas de mauvaise foi, être déclarés responsables que si l'opposition a été publiée dans le *Bulletin* ou si elle leur a été signifiée personnellement.

106. La loi n'a pas parlé des changeurs, mais leur position se trouve implicitement modifiée par quelques-unes de ses dispositions. Ainsi, nous avons vu que dans le cas de l'art. 12, le tiers porteur a un recours contre son vendeur; si donc le titre a été acheté chez un changeur, celui-ci pourra être déclaré responsable.

107. Enfin, nous avons vu que ce qui avait soulevé le plus de réclamations, c'était la situation du propriétaire dépossédé vis-à-vis des compagnies qui avaient émis les titres. C'est aussi ce point qui a été surtout réglementé par la loi. Nous avons vu que les compagnies, après une assez vive résistance, avaient fini par consentir à payer les intérêts et dividendes prescrits et même avaient été forcées de les payer à leur échéance moyennant caution. Nous avons vu enfin qu'elles se refusaient énergiquement à délivrer des

duplicatas des titres perdus ou volés. D'après la loi, lorsqu'il se sera écoulé une année depuis l'opposition, sans qu'elle ait été contredite, et que, dans cet intervalle, deux termes au moins d'intérêts ou de dividendes auront été mis en distribution, l'opposant pourra se faire autoriser par le président du tribunal civil du lieu de son domicile, à toucher, moyennant caution, les intérêts ou dividendes échus ou à échoir au fur et à mesure de leur exigibilité, et même le capital des titres frappés d'opposition, dans le cas où ledit capital serait ou deviendrait exigible (art. 3). En cas de refus d'autorisation, l'opposant pourra se pourvoir devant le tribunal civil qui statuera, le ministère public entendu (art. 7). Le jugement sera susceptible d'appel à la condition que la contestation porte sur des titres dont la valeur sera supérieure à celle du premier ressort. Cette valeur devra être calculée sur le capital qui peut devenir exigible, augmenté des intérêts et dividendes échus au jour de la requête et de ceux à courir pendant deux années depuis la date de la décision.

L'opposant peut fournir un nantissement au lieu d'une caution ou bien exiger le dépôt à la Caisse des dépôts et consignations des intérêts et dividendes échus et de ceux à échoir au fur et à mesure de leur échéance. Deux ans après l'autorisation, si l'opposition n'a pas été contredite, la caution est déchargée et le dépôt peut être retiré. Dans la cas où le capital serait devenu exigible, le délai est de cinq ans depuis l'autorisation et dix ans depuis l'exigibilité.

Dix ans après l'obtention de l'autorisation, écoulés sans contradiction, la compagnie est tenue de délivrer de nouveaux titres (art. 15).

108. Nous avons vu que M. de Marcère avait proposé sur l'art. 15 un amendement pour le cas de destruction complète des titres et qu'il avait retiré cet amendement sur les observations du rapporteur de la commission. M. Buchère se montre plus difficile en faisant observer que si la compagnie refuse des duplicatas et qu'il intervienne un jugement, cette décision n'aura pas d'effet à l'égard des tiers. Il croit qu'on aurait pu organiser une publicité spéciale pour ce cas.

109. Nous avons supposé jusqu'ici que c'étaient les titres eux-mêmes qui avaient été détruits, perdus ou volés. S'il s'agit de coupons détachés du titre, l'autorisation du président ne sera pas nécessaire et l'opposant pourra, après trois années à compter de l'échéance et de l'opposition, réclamer le montant desdits coupons de l'établissement débiteur (art. 8). Il se peut que le propriétaire des coupons préfère toucher avant ce délai de trois ans et il le pourra évidemment en demandant l'autorisation et se soumettant aux formalités de l'art. 4. L'art. 8 lui donne une faveur dont il peut ne pas profiter.

110. La loi ne disait pas comment on pourrait faire cesser la publication des titres sur lesquels l'opposition ne devait plus exister. Le règlement d'administration publique du 10 avril 1873 a comblé cette lacune et décidé que l'on pourrait justifier de la

mainlevée de l'opposition soit par acte notarié, soit par la remise de l'original de l'opposition avec la mention de la mainlevée légalisée, et enfin par la signification d'une décision judiciaire devenue définitive. En cas de mainlevée partielle, l'opposant pourra arrêter la publication partielle de son opposition par un simple acte extrajudiciaire, mais à la condition de représenter au syndicat l'original de l'opposition et d'inscrire sur ledit original qui continuera de rester dans ses mains mention de la mainlevée partielle par lui consentie. On peut se demander quelle est l'utilité de cette mention puisque l'original reste aux mains de l'opposant. La voici : il peut arriver que celui-ci prétende qu'il y a erreur de chiffres dans la notification qu'il a faite au syndicat. Il sera obligé alors de représenter l'original de l'opposition et il ne pourra contester les chiffres qu'il a mentionnés de sa main sur cet original. S'il ne le représente pas, l'acte extrajudiciaire qu'il aura fait signifier conservera toute sa force.

111. Nous allons voir maintenant dans quel cas la loi ne s'applique pas. D'après l'art. 16, elle n'est applicable ni aux rentes sur l'Etat, ni aux billets de banque. Il en résulte que celui qui aurait perdu des titres au porteur de rentes sur l'État, ne peut en toucher les arrérages qu'au fur et à mesure de leur prescription. Et l'Etat ne peut être forcé de les payer auparavant. Ceci est regrettable, car le porteur de titres de rente se trouve ainsi moins bien protégé que celui des autres valeurs mobilières. Les raisons

données par le rapporteur pour le maintien de cette disposition ne nous paraissent pas complétement décisives et nous croyons qu'il peut y avoir là une cause de dépréciation pour les rentes sur l'Etat.

112. Depuis la loi, une décision judiciaire est intervenue dans le cas de perte de titres de rente sur l'Etat au porteur. Un sieur Ollagnon avait perdu plusieurs certificats au porteur de l'emprunt 1871, représentant deux mille cinq cents francs de rente 5 p. 100, sur lesquels il avait effectué les deux premiers versements. Il fit au trésor une demande pour obtenir un nouveau certificat d'emprunt en remplacement de ceux adirés, à l'effet de pouvoir continuer les versements des termes à échoir et d'être ensuite mis en possession du titre de rente afférent à ces certificats. Par une décision spéciale du ministre des Finances, il fut autorisé à compléter les versements et une inscription de deux mille cinq cents francs 5 p. 100 fut faite à son nom sur les registres de la trésorerie générale du Rhône et déposée à la caisse de ladite trésorerie à titre de garantie. En juin ou juillet 1872, Ollagnon, averti que ces certificats avaient été vendus en Bourse et que les versements sur ces certificats avaient eu lieu, en avisa le trésorier payeur général du Rhône et, prétendant qu'il y avait faute de la part de celui-ci, l'assigna en réparation du préjudice causé. Le tribunal civil de Lyon auquel l'affaire fut portée, rendit un jugement par lequel il débouta Ollagnon de sa demande. Ce jugement fut confirmé purement et simplement par un arrêt de la Cour

d'appel de la même ville du 18 juillet 1873 (*Gaz. trib.*
1er août 1873). Il se fondait sur ce que l'empêchement
qui avait été signifié par Ollagnon au trésorier
payeur général du Rhône, après la perte de ses certificats, ne pouvait être reçu qu'à titre officieux, aux
termes de la loi du 15 juin 1872, puisqu'il avait pour
objet des valeurs au porteur non susceptibles d'opposition régulière ; qu'au milieu des embarras d'une
comptabilité énorme, le trésorier payeur général
avait pu ne pas découvrir immédiatement les versements effectués et qu'en avertissant Ollagnon au
moment où il s'en était aperçu, il n'avait commis
aucune faute pouvant engager sa responsabilité.

113. L'art. 16 déclare également que la loi n'est
pas applicable aux billets de banque, quelle règle
suivra-t-on donc à leur égard? La question est excessivement délicate, car on n'est pas bien fixé
sur la nature du billet de banque et on ne sait s'il
faut le considérer comme une monnais fiduciaire
ou comme un titre au porteur. M. Labbé a soutenu cette dernière opinion dans une note sur un
arrêt de la Cour d'Alger que nous citerons tout à
l'heure. Quelque peine que nous ayons à nous sé-
parer de notre savant maître, il nous est impossible
de nous ranger à son opinion. En effet, le billet
de banque est un titre au porteur; toutes les fois
qu'un texte de loi ne formule pas une exception, il
doit être soumis aux mêmes règles. Si donc un billet
de banque est perdu ou volé, on pourra le revendiquer pendant trente ans contre l'inventeur ou le vo-

leur et pendant trois ans contre le tiers possesseur de bonne foi. Les conséquences nous semblent devoir entraîner de bien graves inconvénients pratiques. Le billet de banque porte, il est vrai, des numéros qui permettent jusqu'à un certain point de le reconnaître et de le distinguer de ses congénères, mais est-ce pour en autoriser la revendication, n'est-ce pas plutôt un moyen de contrôle qui permette de découvrir les falsifications? Nous ne pouvons pas croire, quant à nous, que ces numéros aient pour résultat d'en faire un titre au porteur. Plusieurs différences essentielles le séparent en effet de ces valeurs. D'abord le titre produit des intérêts payables à échéance fixe et n'est remboursable également qu'à certaines époques déterminées, le billet de banque ne produit pas d'intérêt et est remboursable à vue; c'est même là sa raison d'être et son utilité; il est donc possible pour les titres au porteur de vérifier, au moment des échéances, s'il y a ou non des oppositions, mais comment faire ce travail pour les billets de banque? puis comment prouver que les billets ont été en ma possession et que j'en ai été dépouillé par un vol ou que je les ai perdus? Et, si je parviens à faire cette preuve et qu'ils soient entre les mains d'un tiers de bonne foi, celui-ci, pendant trois ans, se trouvera donc exposé à la revendication. Mais qui ne voit que cette conséquence serait la ruine du crédit des banques? Qui voudrait accepter un billet de banque s'il pouvait avoir la crainte de se voir refuser le remboursement en espèces, parce que ce billet a été perdu ou volé depuis moins de trois ans? Enfin, nous avons vu que le propriétaire qui revendique un titre au porteur est obligé de rembourser le prix qu'il a coûté, lorsqu'il a été acheté dans un marché public ou d'un marchand vendant des choses pareilles. Où est donc le marché où l'on vend des billets de banque, et où est le marchand qui vend des choses semblables? En admettant qu'on pût considérer les changeurs comme tels, qui ne voit que l'exigence du remboursement rendrait la revendication illusoire?

114. A côté de la question de revendication, se place, pour les billets de banque, une autre question, celle de savoir si une action peut être intentée par le propriétaire dépossédé contre la Banque pour être payé du montant des billets. Le contraire a été décidé par jugement du tribunal de commerce de la Seine du 12 janvier 1857 ainsi motivé (*Journal du Palais*, 1858, p. 1066) : « Attendu que les fragments de billets produits par les héritiers Lavergne ne présentent pas les caractères nécessaires pour reconnaître la complète sincérité des titres, qu'en conséquence, aussi bien dans l'intérêt des tiers que dans l'intérêt de la Banque de France, il n'y a pas lieu de faire droit à la demande, etc... »

Dans l'autre sens, il y a un arrêt de la Cour d'Alger du 4 mars 1865 (Sirey, 65, II, p. 155), rendu dans les circonstances suivantes : les sieurs Casteras, négociants à Marseille, avaient envoyé à leurs frères, négociants à Alger, des billets de la Banque d'Algérie dans une lettre chargée qui disparut dans le naufrage du navire l'*Atlas*. Ils intentèrent devant le tribunal d'Alger, une action en remboursement du montant des billets contre la Banque de l'Algérie qui les avait émis, cette prétention fut admise par le tribunal dont le jugement fut déféré à la Cour. Elle confirma le jugement par les motifs suivants : « Attendu que ce qu'on ne saurait méconnaître, c'est que le billet de banque, entre les mains du porteur, forme un titre au moyen duquel ce dernier peut, à tout moment, venir en réclamer la valeur en argent, qu'il suit de là que si le titre vient à périr par cas fortuit ou force majeure, le bénéficiaire, au moment de la perte, est autorisé, aux termes de l'article 1348 du Code Napoléon, à faire la preuve de l'accident et, cela fait, à demander à l'encontre du débiteur, soit un titre nouveau, soit le payement ; que ce droit est incontestable, quelle que soit la nature que l'on veuille donner au titre dont il s'agit ; qu'il importe peu dès lors qu'il soit à personne ou seulement au porteur ; que l'obligation de payer est, en effet, toujours la même dans un cas comme dans l'autre, la preuve de la perte équivalant à la représentation du titre lui-même ; que, sans doute, la Banque de l'Algérie insiste ; qu'elle prétend que le contrat qui s'est opéré entre elle et le porteur n'est autre qu'un échange, et que, par suite, dès le moment qu'on ne peut lui remettre ce qu'elle a donné en échange de l'or qu'elle a reçu, elle est à l'abri de toute demande ; mais que ce système ne saurait être admis ; que la remise d'un billet de banque ne peut, en effet, être considéré comme veut le faire l'administration ; que, loin de là, il est certain que ledit billet constitue une véritable reconnaissance, c'est-à-dire un titre de créance donnant droit au bénéficiaire médiat ou immédiat de réclamer, non les espèces qui peuvent avoir été versées, ce qui devrait avoir lieu au cas d'échange proprement dit, mais une valeur égale en une monnaie quelconque, comme cela se pratique à l'égard de toute obligation de payer ; qu'à la vérité, il faut reconnaître que le contrat dont il s'agit peut bien différer des autres contrats en général sur quelques points, et constituer, si l'on veut, un contrat particulier *sui generis;* mais qu'il n'en ressemble pas moins aux autres, ce qui est l'important, sur le point principal, c'est-à-dire l'obligation pour le débiteur de rendre à un moment donné ce qui peut avoir été perçu par lui ; que vainement ladite administration oppose que, les billets mêmes n'étant pas représentés, elle est privée de les remettre en circulation, ce qui lui cause un préjudice ; qu'effectivement cette circonstance ne saurait la dispenser de payer ce qu'elle ne peut méconnaître devoir ; attendu qu'au reste il est d'autres cas où les billets de banque, quoiqu'ils ne puissent plus servir, n'en sont pas moins payés, que c'est ce qui arrive, elle le reconnaît elle-même, lorsqu'on lui représente des billets détériorés ou même anéantis en partie ; que l'on ne voit pas dès lors pourquoi elle pourrait, dans l'espèce, être admise à proposer le moyen qu'elle

invoque ; qu'il est positif, en effet, que la situation
est la même, puisque, en définitive, que les billets
aient péri en entier ou à moitié, ils ne peuvent pas
plus être remis en circulation dans un cas que dans
l'autre ; que tout ce que ladite administration est
donc en droit d'exiger, c'est qu'au cas de perte absolue, le porteur fasse les justifications que le législateur a mises à la charge de tout bénéficiaire d'une
obligation quelconque ; que, sans doute, elle prétend
que les obligations du droit commun ne sont pas
applicables à la cause ; mais que c'est là une erreur ;
qu'effectivement, il est hors de doute que le mode
indiqué pour faire preuve, et les conséquences qui dé-
coulent forcément de la démonstration une fois faite,
doivent recevoir application dans toutes les obligations quelle qu'en puisse être la nature, toutes les
fois que par une loi spéciale, aucune modification n'a
été apportée à la loi générale, que telle est la situation des parties ; que la seule difficulté que la cause
devrait soulever serait donc de savoir si la preuve a
été faite ou non ; que c'est du reste ce qui ressort de
la jurisprudence même invoquée par l'administration ; que l'arrêt Frémeau, émané de la Cour de Paris
dont elle excipe, déclare lui-même d'une manière ex-
plicite, il est vrai, mais néanmoins formelle, qu'au
cas où le porteur viendrait à prouver que l'obligation a péri dans ses mains, il n'y a pas lieu à l'application des principes sévères et absolus qu'il porte ;
attendu cela étant qu'en fait la perte des billets dont
il s'agit ne saurait être sérieusement contestée, que

les frères Casteras auraient donc pu exiger le payement immédiat; qu'effectivement, les craintes que
manifeste la Banque de l'Algérie de voir un jour appa-
raître les billets en litige sont chimériques ; qu'il n'y
a donc pas lieu de s'y arrêter ; qu'il est d'ailleurs à
considérer que pussent-elles se réaliser, la position
de cette administration ne serait pas plus mauvaise,
puisque d'une part lesdits billets ne pourraient plus
être présentés que dans un état déplorable, et que,
d'autre part, le porteur ne pouvant plus les posséder
désormais que par un abus coupable, cela suffirait
pour qu'elle fût en droit de se refuser à les acquitter ;
qu'elle aurait enfin, dans tous les cas, l'action en ré-
pétition contre les frères Casteras, qu'il suit de là
que le jugement attaqué doit d'autant plus être
maintenu que, loin d'ordonner le payement pur et
simple, ce qu'il eût pu faire, mais ce que ne peut
ordonner la Cour, aucun appel incident n'ayant été
relevé, il a prescrit des mesures qui sauvegardent et
au delà tous les intérêts.

115. Cet arrêt fut cassé par la Cour de cassation
le 8 juillet 1867 par les motifs suivants (Sirey, 67, I,
p. 317) : « Vu l'art. 1348 du Code Napoléon et l'article 4 de la loi du 4 août 1851 ; attendu que ce dernier article dispose que la Banque de l'Algérie est
autorisée, à l'exclusion de tout autre établissement, à
émettre des billets au porteur de 1000, 500, 100 et
50 francs, que ces billets sont remboursables à vue
au siége de la Banque ; attendu qu'il est de la nature des billets ainsi définis et caractérisés de n'im-

pliquer aucun rapport direct ou personnel entre ceux
qui les possèdent et la Banque qui les a émis, et qu'à
cet égard il est au contraire permis d'affirmer que
les obligations de cette Banque, comme les droits
des porteurs, procèdent du titre seul et s'y réfèrent
exclusivement, ce qui revient à dire que la Banque
d'Algérie ne peut être obligée au remboursement de
ses billets que sur leur présentation et en échange de
leur remise effective; attendu en outre, que si, à un
point de vue général, on vient à considérer les billets
de Banque en eux-mêmes et, d'après les effets qui
leur sont propres, on demeure convaincu qu'ils se
distinguent de toutes les autres valeurs par des différences de telle nature qui, sous ce rapport encore,
il y a lieu d'écarter, en ce qui les concerne, l'application de l'art. 1348 du Code Napoléon; ainsi, il est
incontestable que, tandis que le débiteur, en cas de
perte du titre, peut toujours contre-balancer le danger de la preuve testimoniale, en puisant de son
côté, les éléments de la preuve contraire, soit dans
ses rapports personnels avec le créancier, soit dans
les circonstances concomitantes de la convention al-
léguée, les Banques, en ce cas, seraient, au contraire,
absolument dépourvues de tout moyen de contrôle
et d'investigation; ainsi, il est encore incontestable
que, tandis que le débiteur qui a fourni un titre
émané de lui est par là même, eu égard du moins
à la sincérité matérielle de ce titre, à l'abri de toute
surprise, cet élément de sécurité fait au contraire
complétement défaut, quand il s'agit de billets de

Banque ; ce qui, en définitive, n'irait à rien moins
qu'à priver ces établissements du seul moyen de vé-
rification qui puisse les prémunir contre les éven-
tualités d'une falsification plus ou moins imminente ;
on ne peut pas contester davantage que, tandis que
la prescription est toujours opposable quand il s'a-
git des autres titres, elle est, au contraire, péremptoi-
rement exclue, quand il s'agit de billets de Banque,
par cette raison bien simple qu'il n'y a pas de prescription là où l'obligation n'a pas de point de départ
fixe, ni d'échéance déterminée ; on ne peut pas contester enfin que lorsque, ce qui s'est déjà rencontré,
le titre reparaît même après le jugement qui l'avait
déclaré perdu, par suite d'un cas de force majeure,
le débiteur ne puisse alors opposer l'exception de libération au porteur, quel qu'il soit de ce titre, tandis que dans ce même cas, les Banques seraient, au
contraire, et nonobstant un premier payement qu'elles auraient fait des billets réputés perdus, forcées
de rembourser une seconde fois au porteur actuel,
celui-ci étant, en effet, toujours présumé de bonne
foi, en raison de la nature même du titre ; attendu
que, de tout ce qui précède il y a lieu de conclure
qu'un état de choses qui se caractérisent ainsi, aurait
nécessairement pour résultat de créer au grand détriment des Banques une situation tellement chargée de périls et de difficultés qu'il est manifeste que
l'on ne pourrait, sur la seule foi de la preuve orale,
les contraindre au payement de billets qui ne seraient pas représentés, sans troubler profondément

les conditions de confiance et de sécurité sur lesquelles repose le principe même de leur institution et
qui garantissent d'autant leur plus grande utilité, ce
qui ne saurait être admis. »

116. M. Hérisson a critiqué cet arrêt (*Revue crit.*,
t. XXXII, p. 303 et s.), en faisant observer d'abord
que la Cour de cassation n'avait fait que reproduire
l'argument de l'arrêt de la Cour de Paris de 1836,
d'après lequel les compagnies ne doivent qu'au titre
et que le titre ne peut être que la preuve du droit, auquel on peut suppléer par d'autres preuves, dans les
cas prévus par l'art. 1348 du Code civil : « La Cour,
dit-il, a rejeté l'application de ce principe à cause du
défaut de rapport entre la Banque et les porteurs de
billets. Ce peut être une raison pour être plus sévère,
mais non pour repousser entièrement le réclamant.
La Cour a craint les falsifications, mais quelles craintes la Banque pourrait-elle avoir si on la garantis-
sait contre l'éventualité d'un double payement? »
Nous ne pouvons admettre ces arguments qui seraient bons s'il s'agissait de titres au porteur, mais
ne peuvent s'appliquer aux billets de banque. Nous
avons soutenu, en effet, plus haut, que le billet de
banque n'était pas un titre au porteur, mais une
monnaie fiduciaire et par conséquent nous approuvons l'arrêt de la Cour suprême. Nous sommes surtout touchés de ce motif que dans le cas où le titre
reparaîtrait, la compagnie serait forcée de payer
deux fois. La Cour d'Alger avait, il est vrai, admis le
contraire, mais alors que deviendra le crédit des

banques? Celui à qui on offrira un billet le refusera, craignant que ce soit un billet volé ou faux et qu'il n'en puisse opérer le remboursement. C'est donc avec raison, suivant nous, que la Cour suprême a décidé que les principes posés par la Cour d'Alger troubleraient profondément les conditions de confiance et de sécurité sur lesquelles repose le principe même de l'institution des banques.

M. Labbé, nous l'avons déjà dit, approuve l'arrêt de la Cour d'Alger; ce qui le touche surtout, c'est qu'en admettant le système contraire, les banques se trouvent faire un bénéfice illicite par suite de la perte ou de la destruction de leurs billets. C'est là sans doute une circonstance fâcheuse. Mais nous croyons que les cas où la destruction des billets pourra être prouvée d'une manière irréfragable seront excessivement rares et que le système de la Cour d'Alger entraînerait des inconvénients beaucoup plus graves et plus fréquents. On nous répond que ces inconvénients ont lieu dans le cas de faux billets où le porteur de bonne foi n'obtient pas son remboursement. Nous ne croyons pas l'assimilation complétement exacte. Outre qu'il est possible, jusqu'à un certain point, de distinguer un faux billet d'un vrai, tandis qu'il est complétement impossible de distinguer si un billet porte un numéro détruit ou non; des peines sévères sont portées contre le faussaire et même contre celui qui favorise la circulation de faux billets et le public peut croire que la crainte de ces peines arrêtera l'émission de ces billets, tandis qu'aucun châtiment ne peut atteindre celui qui de bonne foi mettrait en circulation des titres présumés détruits ou perdus.

117. A côté des billets de banque il faut placer les billets au porteur dont la loi ne parle pas. Le Code de commerce avait du reste gardé le même silence. Que faut-il en conclure ? Nous avons vu comment les billets au porteur avaient succédé aux billets en blanc et avec quelle vitalité, ils avaient résisté à toutes les prohibitions lancées contre eux. Cela prouve l'utilité de ces billets et il est difficile de conclure du silence du législateur qu'ils sont interdits. Il aurait fallu en effet, des dispositions formelles pour abroger l'ancienne législation. Les blllets au porteur sont donc valables et les art. 2279 et 2280 leur étaient certainement applicables avant la loi. Nous en avons vu une application dans l'arrêt du 2 nivôse an XII que nous avons cité plus haut (n° 29).

Un autre arrêt a été rendu dans les circonstances suivantes : un sieur de Gramont avait confié en 1797 des billets au porteur à un sieur Lucet qui était chargé de ses affaires pour servir à une négociation. Ces billets furent rendus à l'exception d'un seul. Le sieur de Gramont mourut quelque temps après et la liquidation fut longue et très-publique. Douze ans après un sieur Marchais fit assigner la veuve de Gramont en payement d'un billet au porteur souscrit par son mari le 6 janvier 1797 et interrogé sur faits et articles ne put dire de qui il tenait le billet. Le tribunal, par jugement du 25 août 1810, le débouta de sa demande et déclara le billet nul et de nul effet, attendu qu'il était constant en fait qu'au mois de janvier 1797, le feu sieur de Gramont avait confié au sieur Lucet des billets au porteur, dont il n'avait été fourni aucune valeur; attendu que celui dont il s'agissait était de la même date, attendu qu'au décès du sieur de Gramont le porteur ne s'était pas présenté, malgré les avis qui avaient été publiés ; attendu que, de la réticence obstinée du sieur Marchais sur son cédant, et des autres circonstances de la cause, il résultait qu'il n'était pas propriétaire sincère et légitime.

Ce jugement ayant été déféré à la Cour de Paris, elle rendit le 5 juillet 1811 un arrêt (*Journal du Palais*, de 1812, 1er sem., p. 376), par lequel elle déclara que le montant du billet ne devait pas être payé à Marchais, mais que le billet ne devait pas pour cela être annulé. Cet arrêt était ainsi motivé : « Attendu que des faits et actes de la cause et notamment du refus de Marchais de déclarer de qui et de quelle manière il tient le billet au porteur dont il s'agit, il résulte que ledit Marchais n'est pas tiers-porteur de bonne foi, mais attendu que l'état de mauvaise foi dans lequel ledit Marchais s'est constitué ne peut avoir la conséquence d'annuler le billet comme soldé et acquitté. » Cette solution se trouve parfaitement d'accord avec les principes que nous avons exposés plus haut puisque nous avons admis que, pour pouvoir invoquer la présomption de l'art. 2279, il faut être de bonne foi.

Quels changements la loi nouvelle a-t-elle apportés à ces principes? Nous devons voir quelles sont les dispositions qui peuvent être appliquées aux billets au porteur. Nous ne voyons d'abord rien qui empêche le propriétaire dépossédé de faire opposition entre les mains du débiteur. Quant à l'art. 3, il est plus difficilement applicable parce que la loi exige que deux termes au moins d'intérêts ou de dividendes aient été mis en distribution. Nous croyons qu'ici il faut distinguer si le billet est payable à échéance fixe ou à vue. Si le billet est à échéance fixe, il faudra qu'un an se soit écoulé depuis l'échéance. Si le billet est payable à vue, il suffira qu'un an se soit écoulé depuis l'opposition. La caution fournie devra garantir le remboursement de la somme payée dans le cas où elle l'aurait été indûment. La caution restera tenue pendant dix ans de l'exigibilité s'il y avait une échéance fixe; si le billet était payable à vue il faudrait dix ans à partir de l'opposition. Les articles 6, 7, 9 et 10 sont applicables. Il n'en est pas de même des articles suivants puisque les billets au porteur ne se négocient pas par le ministère d'agents de change.

118. Une autre question nous reste à examiner, c'est celle de savoir si la loi s'applique aux valeurs étrangères. On a vu que le regretté M. Bonjean, dans son rapport au Sénat, voulait qu'elles fussent exceptées de la loi à intervenir. Ce vœu avait reçu son exécution dans le projet de M. Dufaure. Nous avons vu, en effet, que l'art. 1er de ce projet portait : « l'ac-

tion en payement des intérêts et dividendes afférents aux titres au porteur émis par des sociétés où autres établissements ayant leur siége principal en France se prescrit par trois ans. » Cet article fut rejeté par la Commission qui ne voulut pas admettre le principe de la prescription, mais elle n'eut pas le soin d'indiquer si la loi s'appliquerait ou non à des établissements ayant leur siége principal à l'étranger. Nous croyons qu'il n'y a eu là qu'un oubli, car il n'est pas dit un mot de cette question dans le rapport de M. Grivart. Nous devons donc la résoudre par les principes généraux. Il est d'abord évident que la loi ne peut s'appliquer aux établissements qui n'ont aucune succursale ou bureau en France; mais si nous supposons une compagnie ayant son siége principal à l'étranger et une succursale en France, que devra-t-on décider? Nous croyons que là encore la loi ne s'appliquera pas. En effet, si en France, on peut contraindre un établissement à payer à celui qui se prétend propriétaire du titre au bout d'un certain temps et moyennant certaines sûretés, c'est qu'on peut garantir sa libération à l'établissement débiteur. Le pourra-t-on, si l'établissement est à l'étranger? Évidemment non; car si un tiers se présente pour toucher les intérêts et dividendes, comment le repoussera-t-il?

119. Nous croyons donc que la loi ne s'applique pas aux valeurs étrangères, du moins en ce qui concerne le payement des intérêts et dividendes ou le remboursement du capital, mais une autre question

peut se présenter. Une opposition à la négociation de titres au porteur étrangers peut être formée au syndicat des agents de change de Paris, doit-il en tenir compte? Ici, nous ne voyons aucune raison pour décider la négative. Celui qui a été dépouillé de valeurs étrangères est aussi digne d'intérêt que celui qui a perdu des titres français et si d'autres considérations nous ont forcé de lui refuser le payement de ses intérêts, ce n'est pas un motif pour le dépouiller de tout droit, lorsqu'aucun autre intérêt respectable ne se trouve compromis. Nous croyons donc que le syndicat des agents de change devra publier les numéros des titres étrangers qui lui seront signalés et que toute négociation ou transmission postérieure à cette publication sera sans effet à l'égard de l'opposant.

120. Nous nous trouvons amenés par cela même à examiner ce qui se passera pour les titres achetés à l'étranger. Nous avons vu qu'avant la loi on ne faisait pas en général de différences entre les titres achetés dans une Bourse française ou dans une Bourse étrangère. La loi a changé les conditions pour l'acquisition dans une Bourse française. Mais que décidera-t-on pour les titres achetés dans un marché étranger? Nous croyons que la loi ne peut pas s'appliquer et qu'on ne peut pas décider que la négociation faite après le jour où le *Bulletin* sera parvenu ou aura pu parvenir par la voie de la poste dans le lieu où elle aura été faite sera sans effet à l'égard de l'opposant. Cette disposition rigoureuse peut être

appliquée en France, ou, en fait, elle n'aura le plus souvent rien d'injuste. Mais la loi française expire à la frontière et rien ne nous autorise à appliquer cette présomption au cas où le titre aura été acheté à l'étranger. Nous croyons donc qu'il faudra dans ce cas examiner si l'acquéreur a été de bonne ou de mauvaise foi.

121. Pour nous résumer, la loi ne s'applique ni aux billets de banque, ni aux rentes sur l'État au porteur, ni aux rentes étrangères. Elle s'applique à tous les autres titres perdus, volés ou détruits. Pour ces titres, voici les formalités qu'elle trace : le propriétaire dépossédé doit d'abord, par exploit d'huissier, former opposition entre les mains de l'établissement débiteur au payement des titres, et entre celle du syndicat des agents de change de Paris à leur négociation. Cette dernière opposition doit être publiée, aux frais de l'opposant, dans le *Bulletin officiel* et toute négociation ou transmission postérieure à cette publication, ou au jour où elle a pu parvenir dans le lieu où la négociation a été faite est sans effet à l'égard de l'opposant. Au bout d'un an de l'opposition à payement, écoulé sans contradiction, l'opposant peut demander au président du tribunal civil de son domicile l'autorisation de toucher, moyennant caution, les intérêts et dividendes échus et ceux à échoir au fur et à mesure de leur échéance. La caution sera déchargée au bout de deux ans. Si le capital devient exigible, l'opposant peut le toucher également moyennant caution. Au bout de dix ans

depuis l'exigibilité et cinq ans au moins depuis l'autorisation, la caution sera déchargée. Dans tous les cas, la caution peut être remplacée par un dépôt à la Caisse des dépôts et consignations ou par un nantissement. S'il s'agit de coupons au porteur détachés du titre, au bout de trois ans l'opposant peut toucher sans autorisation. Au bout de dix ans, à partir de l'autorisation, écoulés sans réclamation, l'opposant peut demander à l'établissement débiteur un titre en duplicata.

Telle est cette loi qui a réalisé un progrès notable en venant au secours du propriétaire de titres au porteur qui en est dépossédé, sans nuire ni au tiers porteur de bonne foi, ni aux établissements débiteurs et qui a défini d'une manière nette et précise la responsabilité des agents de change. Sans doute, cette loi n'échappe pas aux imperfections inhérentes à toutes les choses humaines, mais, ce qui tend à prouver qu'elle est bonne, c'est que son application n'a pas encore soulevé de contestations sérieuses et si l'on a pu dire : « Heureux les peuples qui n'ont pas d'histoire, » je crois qu'on peut s'écrier avec plus de raison encore : « Bien faites sont les lois qui n'engendrent pas de nombreux procès. »

TABLE DES MATIÈRES

DROIT ROMAIN

DU DROIT DE SUITE EN MATIÈRE DE MEUBLES

PRÉLIMINAIRES

INTRODUCTION

LÉGISLATION ANTÉRIEURE A JUSTINIEN

PREMIÈRE PARTIE

DROIT CIVIL

PREMIÈRE PARTIE

CONDITIONS DE L'USUCAPION

CHAPITRE PREMIER

CONDITIONS RELATIVES A LA PERSONNE

SECTION PREMIÈRE

CONDITIONS RELATIVES A LA CAPACITÉ

SECTION DEUXIÈME

DES CONDITIONS DE LA POSSESSION

§ 1er *Du juste titre.*

§ II. *De la bonne foi.*

CHAPITRE II

CONDITIONS RELATIVES AUX CHOSES

CHAPITRE III

CONDITIONS RELATIVES AU LAPS DE TEMPS

DEUXIÈME PARTIE

DES EFFETS DE L'USUCAPION

DROIT FRANÇAIS

DU DROIT DE SUITE SUR LES TITRES AU PORTEUR

INTRODUCTION

ORIGINE ET DÉVELOPPEMENT DES TITRES AU PORTEUR

PREMIÈRE PARTIE

ÉTAT DE LA LÉGISLATION ET DE LA JURISPRUDENCE AVANT LA LOI DU
15 JUIN 1872

CHAPITRE PREMIER

DU SENS DE LA MAXIME EN FAIT DE MEUBLES POSSESSION VAUT TITRE

CHAPITRE II

APPLICATION DE LA MAXIME « EN FAIT DE MEUBLES POSSESSION VAUT TITRE »
AUX TITRES AU PORTEUR ET EXCEPTIONS QUE REÇOIT CETTE MAXIME

SECTION PREMIÈRE

APPLICATION DE LA MAXIME AUX TITRES AU PORTEUR

SECTION II

EXCEPTIONS APPORTÉES A LA RÈGLE EN FAIT DE MEUBLES POSSESSION VAUT
TITRE

SECTION III

APPLICATION DE L'ART. 2280 AUX TITRES AU PORTEUR

CHAPITRE III

RESPONSABILITÉ DES AGENTS DE CHANGE ET DES CHANGEURS

SECTION PREMIÈRE

RESPONSABILITÉ DES AGENTS DE CHANGE

SECTION II

RESPONSABILITÉ DES CHANGEURS

CHAPITRE IV

DROITS DU PROPRIÉTAIRE DÉPOSSÉDÉ CONTRE LES COMPAGNIES QUI ONT ÉMIS LES TITRES PERDUS OU VOLÉS

DEUXIÈME PARTIE

ÉTUDE DE LA LOI DU 15 JUIN 1872

CHAPITRE PREMIER

HISTORIQUE DES TENTATIVES FAITES POUR APPELER L'ATTENTION DU LÉ-
GISLATEUR SUR LA SITUATION DU PROPRIÉTAIRE DES TITRES AU PORTEUR
DÉPOSSÉDÉ

CHAPITRE II

PRÉSENTATION ET DISCUSSION DE LA LOI

CHAPITRE III

EXAMEN CRITIQUE DE LA LOI

POSITIONS

DROIT ROMAIN

I. — Les immeubles des mineurs ne pouvaient être usucapés, les meubles pouvaient l'être (voir p. 19).

II. — La prescription de long temps était interrompue par la *litis contestatio* (voir page 29).

III. — La prescription de long temps pouvait s'appliquer aux meubles (voir p. 30).

IV. — L'opinion qui admet que le titre putatif peut servir de base à l'usucapion, lorsque l'erreur est excusable, a fini par prévaloir (voir p. 41).

V. — La loi Atinia a fait exception au droit de revendication des meubles, lorsque la chose était revenue au pouvoir de son maître (voir p. 51).

VI. — Sous Justinien, l'usucapion est interrompue par la *litis contestatio* (voir p. 65).

VII. — Sous Justinien, l'usucapion produit ses effets tant contre le précédent propriétaire de la chose que contre les tiers qui peuvent avoir des droits sur elle (voir p. 71).

DROIT FRANÇAIS

DROIT CIVIL

I. — La maxime *en fait de meubles possession vaut titre* constitue une présomption légale contre laquelle la preuve contraire ne doit pas être admise (voir p. 93).

II. — La possession nécessaire pour que la maxime puisse s'appliquer ne doit pas être précaire (voir p. 95).

III. — Elle doit être de bonne foi (voir p. 96).

IV. — L'exception apportée dans le deuxième paragraphe de l'art. 2279 à la règle en *fait de meubles possession vaut titre* ne s'étend ni à l'abus de confiance, ni à l'escroquerie (voir p. 109).

V. — La boutique d'un changeur ne peut être considérée comme un marché public pour les titres au porteur (voir p. 115).

VI. — Avant la loi du 15 juin 1872, les agents de

change étaient responsables, lorsqu'une opposition leur avait été signifiée personnellement (voir p. 122).

VII. — Mais ils n'encouraient aucune responsabilité lorsque l'opposition avait été signifiée seulement à la Chambre syndicale (voir p. 124).

VIII. — Les agents de change n'étaient pas tenus de s'assurer de la capacité de leurs clients (voir p. 127).

IX. — Les changeurs étaient responsables lorsqu'ils avaient commis une imprudence (voir p. 130).

X. — Les compagnies devaient payer les intérêts et dividendes des titres perdus ou volés, lorsqu'on leur offrait des garanties suffisantes (voir p. 135).

XI. — Elles devaient également délivrer des duplicatas de ces titres moyennant caution (voir p. 141).

XII. — La loi s'applique également, dans toutes les dispositions, aux titres dont on a été dépossédé antérieurement à sa promulgation (voir p. 184).

XIII. — L'opposition à payement qui aurait été formée régulièrement avant la loi n'a pas besoin d'être renouvelée et l'autorisation dont il est parlé dans l'art. 3 peut être accordée un an après la promulgation de la loi (voir p. 187).

XIV. —La compétence attribuée au Tribunal civil par les art. 3 et 7 de la loi du 15 juin 1872 s'applique même aux faits antérieurs à la promulgation de cette loi (voir p. 192).

XV. — Le billet de banque est une monnaie fiduciaire et non un titre au porteur (voir p. 205).

XVI. — La loi du 15 juin 1872 ne s'applique pas aux valeurs étrangères, en ce qui concerne le payement des intérêts ou dividendes et le remboursement du capital (voir p. 220).

XVII. — Mais le syndicat des agents de change est tenu de faire publier dans le *Bulletin* les numéros des valeurs étrangères des titres perdus, détruits ou volés et l'art. 12 leur est applicable (voir p. 221).

XVIII. — Pour les titres achetés à l'étranger on ne peut appliquer l'art. 12 et il faut examiner si, en fait, l'acheteur est de bonne ou de mauvaise foi (voir p. 222).

DROIT PÉNAL

I. — Celui qui retirent des objets perdus avec l'intention de se les approprier commet un vol.

II. — L'art. 638 du Code d'instruction criminelle ne s'applique pas à l'action en revendication du propriétaire contre le voleur.

DROIT DES GENS

I. — Les belligérants n'ont pas le droit de visiter les bâtiments neutres convoyés par un vaisseau de guerre.

II. — La pleine mer ne peut pas être la propriété exclusive d'une nation.

Vu par le président de la thèse,
J. E. LABBÉ.

Vu et approuvé,
G. COLMET DAAGE.

Vu ET PERMIS D'IMPRIMER,
Le vice-recteur de l'Académie de Paris,
A. MOURIER.

Paris-Vaugirard. — Typographie N. Blanpain, 7, rue Jeanne.